服部茂幸
Shigeyuki Hattori

アベノミクスの終焉

岩波新書
1495

まえがき

詐欺は、需要によって決定される、つまり、供給は自らの需要を生み出すというセイの法則よりも、需要は自らの供給を決定するというケインズの法則に従うとわれわれは信じている。ブームのときには、財産家となる人々が増え、誰もがだんだんに欲張りになってゆき、詐欺師たちはこの欲張りを食いものにしようとして登場する。この状況は丸裸にされそうな羊がたくさんおり、腕のいい詐欺師が現われさえすればその犠牲になろうとしている、つまり「だまされやすい人が次々に生まれる」場面といってもよい。（キンドルバーガー、二〇〇四、一一三頁）

経済の危機と産業としての経済学

冒頭の言葉はアメリカの経済学者キンドルバーガーからの引用である。彼は経済のブームが詐欺需要を作り出し、詐欺需要が詐欺供給を生み出すと論じていた。けれども、長期的な経済停滞もまた詐欺需要を作り出す。長期停滞が続くと国民の間に不満がたまるからである。ただし、ブーム時の詐欺需要は金融の分野で拡大するのに対して、長期停滞時の詐欺需要は政治の分野で拡大する。

一九九〇年代初め、バブルが崩壊すると日本経済は長期停滞に陥った。この長期停滞にもかかわらず、活況を呈していた産業が経済学であるという話がある。確かにこの二〇年以上の間、日本の長期停滞を論じた本は毎年数多く出版されてきた。

二〇〇八年八月下旬、アメリカのカンザス・シティ連邦準備銀行主催のシンポジウムが開催された。その折、世界銀行元総裁のジェームズ・ウォルフェンソンは出席者を夕食会に招待した。招待客に彼は、当時の信用危機は後世の歴史書で一章か、それとも脚注を割かれることになるのかと、一人ずつ意見を求めた。すると、当時のFRB(アメリカ連邦準備制度理事会)議長バーナンキを含む全員が、おそらく脚注になると答えたそうである(ソーキン、二〇一〇、上、二九〇―二九二頁)。

それから一カ月もたたないうちに生じたのが、三〇年代の世界大恐慌をも上回る金融危機である。その傷跡は今でも完全には消えていない。金融危機はこれまでのマクロ経済学と金融理論に対する信頼をも揺るがせた。けれども、金融危機の原因を巡って、毎年のように数多くの本が出版されている。二一世紀の現在になっても、世界大恐慌の本が毎年のように出版されているように、二二世紀になっても〇八年の金融危機の本は出版され続けるだろうと筆者は思う。

一二年一一月一五日、まだ首相に就任していない安倍晋三は日本のデフレを解決するために、日本銀行による無制限の金融緩和を訴えた。アベノミクスの始まりである。アベノミクスを巡っても賛成、反対の立場から数多くの本が出版されている。

以上のように、日本でもアメリカでも経済の危機は産業としての経済学に対する需要を作り出してきた。筆者もまた、そのおこぼれにあずかったことを否定しない。もっとも、これは必ずしも悪いことであるとも思わない。経済の危機に対して経済学者が何もしないでいたら、逆にその怠慢がなじられていたであろう。

アベノミクスは成功しているのか

筆者は日本の経済停滞に関しては二冊、アメリカの危機については三冊の本を書いた。しかし、日本の経済停滞や、ましてやアメリカの危機を予想したわけではない。二〇〇八年の危機が起こるまで、アメリカの研究をしようとは考えもしなかった。筆者がアメリカの危機を研究することにしたのは、アメリカの危機もまた日本の危機の繰り返しに違いないから、それを論点に本が書けるはずだと思ったからである。

他方、筆者はアベノミクスが始まる前からの批判者である。もっとも、すべてに対する批判者ではない。例えば、安倍首相は賃金上昇を目指している。それに対して筆者は賛成である。しかし、国民の大多数と同じく、それが実現するとは思わない。また、これまでのところ実質賃金は逆に急低下していることを、本書では明らかにしている。

アベノミクスは異次元緩和という第一の矢、公共事業拡大による国土強靭化という第二の矢、成長戦略という第三の矢からなるとされる。第一の矢における経済学の理論的基礎はニュー・ケインジアンの金融政策論、第二の矢については土建ケインズ主義である。第三の矢は新自由主義経済学の要素が強いが、一〇〇%そうともいえないようである。

以上のように三本の矢は、それぞれ別個に理論的基礎を持つと同時に、それらの間の整合性もよく分からない。特に大きな政府を志向する第二の矢と小さな政府を志向するかにみえる第三の矢は矛盾しているようにみえる。もっとも、小さな政府論の代表とされるアダム・スミスも公共事業は政府の仕事としていたから、矛盾していないのかもしれない。

けれども、三本の矢はそれぞれのウェイトが三分の一ずつというわけでもない。アベノミクスの主役は第一の矢、脇役が第二の矢であり、第三の矢はまだ登場していないというのが、一般的な評価といえよう。アベノミクスの指南役とされる経済学者・浜田宏一が、アベノミクスの評価について、第一の矢がA、第二の矢がB、第三の矢がEだと述べたことは話題となった(三つあわせるとABEになる)。筆者がこれまで批判してきたのは主役である第一の矢である。

安倍が無制限の金融緩和を訴えてから、株価上昇と円安が急速に進行した。これを受けて、アベノミクスを支持する政治家と経済学者たちは、自らの正しさが証明されたと論じてきた。しかし、黒田東彦《はるひこ》が日銀総裁、岩田規久男が日銀副総裁に就任するのは一三年三月であり、異次元緩和が始まるのは四月である。三月までの出来事はいわば「前史」である。

株価上昇も円安も異次元緩和が始まってしばらくするとストップした(時期によって多少の上がり下がりはある)。一三年の上半期には高かった経済成長率も、下半期には低迷している。一四年第一・四半期の成長率は高かったが、これは消費増税前の駆け込み需要によるところが大きい。その反動で第二・四半期には消費と経済が大きく落ち込むことは確実である。

この低迷する経済成長を支えているのは、政府支出、民間住宅投資、耐久財消費である。政府支出の拡大は第二の矢の成果であり、民間住宅投資と耐久財消費の拡大は消費増税前の駆け込み需要によるところが大きいであろう。いずれも異次元緩和の成果とは言い難い。本書で明らかにするように、政府支出、民間住宅投資、耐久財消費を除くと、一三年後半はゼロ成長か、むしろマイナス成長である。

一九九七年の消費増税の後には、民間住宅投資と耐久財消費は急減していた。今回も急減することは確実であろう。二〇一四年度の政府支出は、日本政府自身がそれほど増加しないことを見込んでいる。一三年度のような成長パターンは、一四年度には持続しないということである。

ところで、異次元緩和の理論的基礎を提供したのが、FRBの前議長バーナンキであった。そのバーナンキは二〇〇〇年代前半の住宅バブル期に、バブルとバブルの中で拡大する返済できない負債について否定していた。バブルが崩壊してからも、アメリカ経済は日本のようなことにはならないと、金融と経済の危機を繰り返し否定した。

日本の政策担当者と経済学者たちがバーナンキと同じような誤りを繰り返しているようにみえるのは、理論の基礎が同じであることを考えれば、当然のことなのかもしれない。

「雨乞いは雨を必ず降らせることができる」というジョークがある。「なぜならば、雨が降るまで続けるからだ」。これを異次元緩和に置き換えると、「異次元緩和は必ず日本経済を復活させることができる。なぜならば、日本経済が復活するまで続けるからだ」となる。

そもそも、一九九〇年代ですら、日本経済は全体として成長していた。二〇〇〇年代には戦後最長のいざなみ景気もあった。アベノミクスが始まる前をみても、日本経済は〇八年の危機から回復していた。第1章で明らかにするように、雇用の回復で考えるならば、アメリカよりも、日本のほうが遥かに回復しているといえる。

今では失われた二〇年ともいわれるが、二〇年以上、日本経済は文字通りの意味で停滞を続けているわけではない。経済成長率が高くなれば(低くてもプラスであれば)、「異次元緩和の成果が現れた」と主張する。経済成長率が低迷した時には、「低迷は一時的であり、すぐによくなる」と主張する。こうした方法で、政策担当者は自らの政策を正当化し、地位を維持できるかもしれない。

しかし、これは政治の論理であって、経済学とは何の関係もないことである。単なる経済学者にすぎない筆者が本書で行うことは、異次元緩和から一年がたった現在、その成果があったという証拠は存在しないことを、政治的なレトリックに惑わされることなく、客観的なデータに基づき明らかにすることである。

本書の構成

我々は広く視野を持たなければならないであろう。

日本の経済停滞は一九九〇年代から続いているとされているが、二〇〇〇年代前半には戦後最長のいざなみ景気があった。〇八年の世界的危機以降、経済停滞は欧米ともに同じである。異次元緩和の理論的基礎は、FRB前議長バーナンキにある。それだけでなく、彼もまたアメリカ経済を立て直すために、積極的な金融緩和を行った。本書では、過去の日本や、アメリカなどにも広く目配りすることによって、アベノミクスを論じている。

第1章は実証編である。アベノミクスを支える経済学者たちは、世界的な危機の中で、積極的な金融緩和を行わないことによって、日本だけが取り残されていると論じてきた。このように人々に思い込ませることによって、異次元緩和を正当化しようとしてきた。しかし、経済の現実はこれとは異なることを、データによって明らかにする。

第2章では異次元緩和の理論的基礎を示すと同時に、それを批判する。第3章では第二の矢の国土強靭化を取り上げる。ただし、これも財政政策を広い視点から論じることにした。第4章では成長戦略とトリクルダウンを取り上げる。終章は結論である。

アベノミクスが今後どうなるのかということは、日本の将来にとって大きなことであろう。しかし、残念ながら、経済学者の予測の精度は高くない。それでも、現状分析が優れていれば、予測が表面的に当たらなくても、読むべき値打ちはあるはずである。

例えば、アメリカのITバブルが崩壊した時、ニューヨークのレビー研究所にいるポスト・

ケインズ派たちは、過剰な負債を抱えている人々が借金を返済するために支出を削減し始めると、深刻な経済停滞が生じることになると論じていた(Papadimitriou, et al., 2002)。実際には、アメリカ経済は、その後、比較的速やかに回復した。彼らの予測は外れたといえる。けれども、経済の回復は住宅バブルの結果であった。住宅バブルの中で家計はさらに過剰な負債を蓄積した。だから、住宅バブルが崩壊すると、この過剰な負債が不良債権化し、世界的な危機が生じることとなった。結局は彼らの主張は正しかったのである。

筆者は本書がレビー研究所のポスト・ケインズ派のようであって欲しいと望んでいる。しかし、それが実現できたかどうかを決めるのは筆者ではなく、読者であろう。

アベノミクスの終焉

目次

第1章　異次元緩和は成果を収めているのか

しかしながら、大まかにいえば、第二次石油危機以後の日本の金融政策のマネジメントは、工業国の中で最も成功した経験の一つとみなすことができる。

(Hamada and Hayashi, 1985, p. 83)

1　天頂からの転落

偽りの成功

本章冒頭の言葉は、一九八五年に出版された論文からの引用である。アベノミクスの指南役とされる浜田宏一は、このように、八五年には日本銀行の金融政策の素晴らしさを賞賛していた。

その後、日本経済はバブルの時代を迎え、そのバブルが崩壊すると長期停滞に陥った。日銀はバブルを作ったことにも、九〇年代以降の長期停滞にも責任があるとして激しく批判されるようになった。九〇年代以降、浜田自身が日銀批判者の代表的な存在の一人となったことは、歴史の皮肉ともいえよう(これは事実の指摘であって、その責任が浜田にあるわけではない)。

対照的に、九〇年代のアメリカ経済は表面的には好調であるようにみえた。二〇〇〇年にはITバブルが崩壊したが、日本のようなデフレを引き起こすことなく、比較的短期間で経済は回復した。二〇〇〇年代前半のアメリカでは、経済学者の間で大緩和(グレート・モダレーション)が議論されていた。八〇年代後半以降、アメリカでは景気循環が緩やかになった。この事実を踏まえ、その原因が何かが議論されたのである。

〇四年には、当時はアメリカの中央銀行にあたるFRBの理事だったバーナンキ(Bernanke, 2004)も「大緩和」と題する講演を行っている。この講演で、彼は優れた金融政策が大緩和を生み出した最大の要因であると述べた。未来に対して楽観的だとも述べていた。〇四年に天頂にいたようにみえたのは、バーナンキとFRBであった。

けれども、当時のアメリカは住宅バブルの中にあった。住宅バブルの中で家計はバブルが続かないと返済不可能な負債を拡大させていた。家計と企業の違いはあるが、八〇年代後半の日本のバブルでも、同様のことが生じていた。

それにもかかわらず、バーナンキも、当時のFRB議長だったグリーンスパンも、バブルとバブルの中で拡大する返済できない負債の危険性が理解できなかった。彼らは逆に家計の負債は大きいが、資産はそれ以上に増加しているので、問題はないと反論していた(Greenspan, 2004; Bernanke, 2005)。しかし、家計の資産が急増したのは、住宅バブルの結果であった。そのため、バブルが崩壊すると家計の住宅ローンは破綻し、世界的な金融危機が生じた。

九〇年代初めのバブル崩壊が日銀を天頂から転落させたのと同じく、〇八年の世界的危機は、バーナンキとFRBを転落させた。

日本の長期停滞の原因はデフレであり、そのデフレの原因は日銀が金融を緩和しないためであるという経済学者がいる。この経済学者のグループはリフレ派と呼ばれている。

リフレ派の主張にしたがい、安倍晋三首相がデフレ脱却のために日銀による無制限の金融緩和を訴えたのは、首相になる前の一二年一一月のことだった。直ちに株価上昇と円安が進行した。一三年三月にはリフレ派の黒田東彦が日銀総裁、岩田規久男が日銀副総裁に就任した。四月にはリフレ派の主張にそって、異次元緩和が始まった。

日本の国内で生産された所得を合計したものを国内総生産(GDP)という。経済成長率とはこのGDPの増加率のことを指す。一三年前半の経済成長率は極めて高かった。この時期のリフレ派は天頂にいるかのようだった。

皮肉なことに、異次元緩和が始まると、日本経済は失速した。きっかけは五月二三日の株価大暴落である。その後、時期によって多少の違いはあるが、全体的には株価上昇も円安もストップした。一三年後半の経済成長率も低迷している。一四年第一・四半期の経済成長率は極めて高いが、これは消費増税前の駆け込み需要による部分が大きい。

さらに大きな問題なのは中身である。一三年後半に大きく増加したのは政府支出、民間住宅投資、耐久財消費であった。政府支出の急増が金融政策と関係があると考える者はいないであろう。民間住宅投資、耐久財消費の急増も、消費増税による駆け込み需要による部分が大きい。これを除くと、経済はゼロ成長か、むしろマイナス成長となる。とても異次元緩和がうまくいっているとはいえないであろう。

これまで八〇年代後半以降の日銀、二〇〇〇年代のバーナンキとFRB、現在の日銀とリフレ派経済学者の転落について述べてきた。けれども、よくみれば、三者は同じように成果をあげていたわけではない。

八〇年代前半の日本経済は、確かに順調であった。どれだけ日銀の成果といえるかは別として、日本経済が天頂にいたことだけは確かであろう。

それに対して、二〇〇〇年代前半のアメリカ経済は、筆者が前著（服部、二〇一三）で示したように、一般に思われているほど好調ではなかった。しかも、必ずしもよくない経済は住宅バブルとバブルの中で広がる返済できない負債に支えられていた。そして、住宅バブルが崩壊すると史上最大の金融危機である。決して、成功とはいえないであろう。

さらに、本章で明らかにするように、異次元緩和は実績をあげる前に失速している。先程、「リフレ派は天頂にいるかのようだった」と書いたが、それは幻想だったのである。

2　異次元緩和の成果を検討する

異次元緩和

日銀は二〇一三年四月四日、量的・質的金融緩和の導入を決めた。その規模が巨大なことから、異次元緩和とも呼ばれている。

その柱は、二年を目処に消費者物価上昇率（前年同月比）を二％程度まで引き上げる（消費増税の効果は除く）ことと、マネタリーベースを年間六〇兆―七〇兆円のペースで増加させることである。マネタリーベースとは現金と日銀当座預金（銀行などの金融機関が日銀に預けたお金）をあわせたものである。マネタリーベースは、一二年末には一三八兆円であった。日銀の説明では、一四年末には、それが二七〇兆円と倍増することになっている。

日銀が証券を購入すると、購入先にその代金が支払われる。こうした方法で日銀はマネタリーベースを増加させている。四月四日には、長期金利の低下を促すために、長期国債を年間五〇兆円のペースで購入することも決めている。日銀の説明では、長期国債の保有も、八九兆円から一九〇兆円へと拡大することになる。さらに、資産価格に影響を与えるためにETF(上場投資信託)、J-REIT(不動産投資信託)をこれまで以上に購入することも決めた。

そして、日銀は計画にしたがってマネタリーベースを急増させている。一三年末には、マネタリーベースは二〇二兆円、日銀当座預金は一〇七兆円となっている。しかし、マネタリーベースを計画通りに増加させることと、日本経済が計画通りに復活することは全く別の話である。

黒田の「バズーカ砲」の自爆

安倍首相が日銀による無制限の金融緩和を主張してから、株価上昇と円安が急進行した。二〇一三年上半期の経済成長率は四%を超えていた。日銀副総裁の岩田は、一三年一〇月一八日の講演で、異次元緩和がどのようなメカニズムによって効果を発揮するのかを説明するとともに、その成果を訴えている(岩田、二〇一三b)。

けれども、異次元緩和が行われたのは、一三年四月だった。安倍が首相に就任したのも、一二年一二月である。金融緩和が行われても、実体経済にその効果が現れるには、少なくとも半年はかかるはずである。一三年上半期の高成長が異次元緩和とアベノミクスの成果ではあり得ない。我々はその後のデータに照らして、本当に岩田のいうような成果がでているのかを判断しなければならないであろう。

金融政策は初めに金融市場に影響を与え、そこから実体経済へと波及する。先述したように、安倍が日銀による無制限の金融緩和を訴えると、直ちに株価上昇と円安が進行した。この円安と株価上昇は、実際には、そのほとんどが異次元緩和開始前に生じたことである。

けれども、投資家は将来を予想して行動する。将来、リフレ派の日銀総裁が誕生して、異次元緩和が実行され(ここまでは実際にもそうなった)、株価上昇と円安が進行するならば、株とドルを安いうちに購入した投資家たちは、価格が上昇した時に、利益を得ることができる。投資家の多くがそう判断して株とドルを購入すると、異次元緩和が行われる前に、株価上昇と円安が進行する。

図1-1は株価と円ドル・レートを図示したものである。

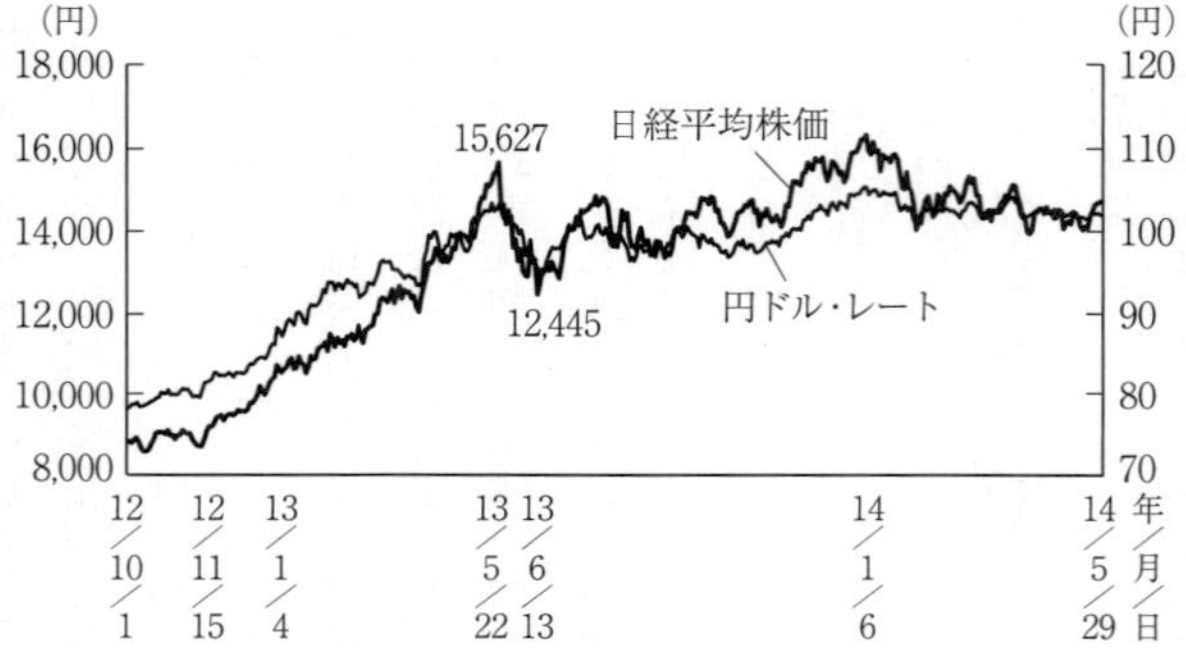

図 1-1　株価と円ドル・レート
(2012 年 10 月 1 日–14 年 5 月 29 日)

資料：Yahoo! ファイナンスホームページ
注：日経平均株価は左目盛り，円ドル・レートは右目盛り

実際には、異次元緩和が始まってまもなくすると、株価上昇も円安も停止する。その転機が五月二三日の株価大暴落である。その直接の原因は黒田＝岩田日銀のつたなさであった。異次元緩和の中で日銀が長期国債の買い注文を大量にだした。大量注文がでると、その瞬間だけ国債価格が上昇する。逆に買い注文をださない時間帯には国債価格が低迷する。こうして国債価格が不安定となる。

国債価格の変動が大きくなるということは、国債を購入すると損失を被るリスクが高まったことを意味する。リスクを嫌った投資家たちは、国債購入を手控えたため、国債価格は急落した。

国債を保有する人は毎年の利子を受け取ることができる。満期時には額面の金額だけ元本の支払いを受け取ることもできる。そのため、国債の利

$$\text{国債の利回り}=\frac{\text{利子}+(\text{額面金額}-\text{購入時の価格})/\text{満期までの年数}}{\text{購入時の価格}}$$

数式1

回りは、数式1のように示される。

国債は安全資産であり、市場も大きいから、長期国債(一〇年物)の利回りが長期金利となっている。そのため、国債の利子率が上昇すると、他の市場にも影響は波及する。投資家たちは株式の購入も手控えるようになったのである。国債暴落の余波は一カ月程度続いた。異次元緩和は規模の巨大さから、黒田の「バズーカ砲」ともいわれていた。しかし、この「バズーカ砲」が自爆したのだった。

五月二三日の下げ幅一一四三円は、一日の下げ幅としては、〇八年の世界的な危機においても経験したことのない大きさである。それでも株価上昇が再開すれば、その影響は一時的ですんだかもしれない。実際にはそうならなかった。その後、株価は反転し、ピークを超えることもあった。けれども、一四年五月末の株価は一万四六八二円であり、一三年五月二二日よりも九〇〇円以上低い。

円安も停止した。五月末の円ドル・レートも一三年五月二二日よりもわずかであるが円高である。

結局、円安と株価上昇が進行したのは、異次元緩和の前と異次元緩和後一カ月半で、残りの期間は円安も株価上昇も進行していない。異次元緩和が円安と株価上昇をもたらしたとは、とてもいえないであろう。

偽薬効果

さて、初期の段階での円安と株価上昇の原因も改めて考え直す必要があろう。円安は二〇一二年秋から徐々に進行していた。その背景にはアメリカとヨーロッパの経済情勢の改善という外的要因もあったといわれている。それでも、一二年一一月の安倍の発言が円安と株価上昇を加速させたことは事実である。

けれども、異次元緩和の効果、特に予想に働きかけるという効果は、偽薬効果であるという主張がある。偉い医者がよく効く薬だと偽って、薬でないものを患者に与えても、患者がよく効く薬だと信じていると、本当に病気が治ることがある。そこまでいかなくても、症状が改善することがある。これが偽薬効果である。

証券市場や為替市場における偽薬効果はもう少し複雑である。ケインズ(一九八三、一五四頁)がそれを美人投票に喩えたことはよく知られている。ケインズのいう美人投票では、得票の多かった女性を選んだ投票者には商品が与えられる。この時、商品が欲しい投票者は自分の好みではなく、みんなの好みにしたがって投票をしなければならない。

しかし、他の人々も同じことを考えているかもしれない。その場合には、みんなの好みではなく、「みんなの好みだとみんなが考えているもの」にしたがって投票しなければならなくなる。

株式や外貨の投機によって利益を得ようと考える投資家たちも、アベノミクスに本当に効果があるのかどうかではなく、他の人々がアベノミクスに対してどのように考え、行動するかを考えて、投資するかどうかを決めなければならない。

アベノミクスそれ自体に効果がなくても、投資家たちが（間違って）効果があると思い込めば、株価上昇と円安が生じるのである。本当は効果がないとみんなが知っていても、自分以外の人々が効果があると信じているとみんなが誤解していれば、株価上昇と円安が生じる。さらに、本当は効果がないとみんなが知っていて、みんながそれを知っていることをみんなが知っていたとしても、（だまされたふりをしたほうが得なので）みんながだまされたふりをして行動するとみんなが思えば、株価上昇と円安が生じることになる。

初期の段階の株価上昇と円安が偽薬効果であるとするならば、五月の株価大暴落以来、株価上昇と円安がストップしたことは、不思議なことではないであろう。みんながだまされたふりをすることにより、株価上昇と円安が続く限り、投資家たちは利益を得る。しかし、他の人々がだまされたふりをやめた時に、一人だけだまされたふりを続けていると大損をする。そこで、少なからぬ投資家がこのままだまされたふりを続けるのは危ないと考えると、それが株価上昇と円安をストップさせるのである。

偽薬効果が本当の薬の効果でないのは薬学の世界では常識である。つまり、初期の段階の株価上昇と円安も、アベノミクスの効果が実証されたことにはならないのである。

一三年一〇月の講演で、異次元緩和は株価上昇を通じて、家計と民間非金融法人の金融資産を急増させたと、岩田は述べる。けれども、株価上昇が金融資産を急増させたのだとすると、株価上昇が止まった一三年五月以降は、金融資産は事実上増加していないことになる。

結局、一三年五月の株価大暴落による株価上昇と円安の停止は、異次元緩和のつまずきの始まりであり、以下でみるように、その後遺症は今でも続いているのである。

伸び悩む輸出

金融緩和の目的の一つは円安によって輸出を拡大させることであった。浜田(二〇一三)も、岩田(二〇一三a)も日銀が金融緩和によって円高を防がないでいることが、日本の製造業の国際競争力を損ね、苦境を作り出していると述べていた。安倍首相も、二〇一三年四月の党首討論で、一三年度の経常収支が間違いなく四兆六〇〇〇億円の黒字になる。そして、それは間違いなく賃金に変わると断言した（望月、二〇一四、二四頁参照）。

実は安倍首相の掲げた数字はそれほど大きなものではない。経常収支黒字は一九九七―二〇一〇年度はすべての年度で一〇兆円を超え、〇六年度と〇七年度は二〇兆円を超えていた。一一年三月の東日本大震災以来、貿易赤字が続き、経常収支黒字も小さくなった。それでも、一二年度の経常収支黒字は四兆二二〇〇億円であり、一二年一―一二月では四兆六八〇〇億円である。

円安政策は輸出を拡大させ、輸入を縮小させることによって、貿易収支を黒字に転換させ（少なくとも貿易赤字を縮小させ）、経常収支黒字を拡大させるとされていた。

今、日本の自動車会社が二〇〇万円で自動車を製造しているとしよう。一ドル＝八〇円の時、この自動車をアメリカに持っていくと、二万五〇〇〇ドルで売らなければならない。しかし、一ドル＝一〇〇円まで円が下がると、二万ドルで売ればよいことになる。ドル表示の価格が低下するので、自動車会社は輸出競争力が拡大することになる。他方、自動車会社が今まで通り二万五〇〇〇ドルで売ったとすると、五〇万円分だけ高く売れたことになる。輸出台数が同じであっても、売上金額と利潤が拡大するのである。

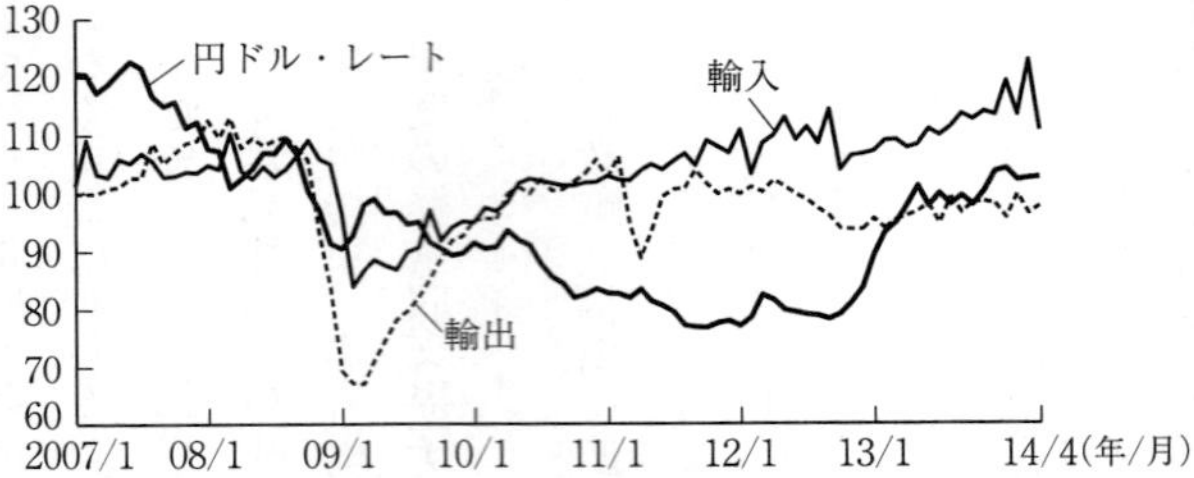

図 1-2　輸出入と円ドル・レート(2007 年 1 月-14 年 4 月)

単位：円ドル・レートは円．輸出と輸入は 2010 年を 100 とする指数
資料：日銀ホームページ
注：円ドル・レートは月平均．輸出と輸入は実質，季節調整値

図1－2は円ドル・レートと(実質)輸出入を示したものである。なお、数量が変化しなくても、価格が上昇すれば、輸出入の金額は増加する。これが名目値である。この名目値から、価格の上昇分を除いたものが実質値である。

二〇〇〇年代前半の世界的なバブル期に、日本は輸出を拡大させた。特に拡大したのが中国向けであった。それは中国特需といわれていた。ところが、世界的なバブル崩壊とともに、輸出は減少する。とりわけ、〇八年九月のリーマン・ショック以後、日本の輸出は急減した。その後、〇九年初めから急回復する。しかし、一一年三月、東日本大震災が起こり、再び急減した。この時のショックは比較的短期間で終わり、再び回復する。けれども、一二年半ばから再び輸出は減少を続けていた。一二年末に円安が始まると、輸出は再び増加し始めた。

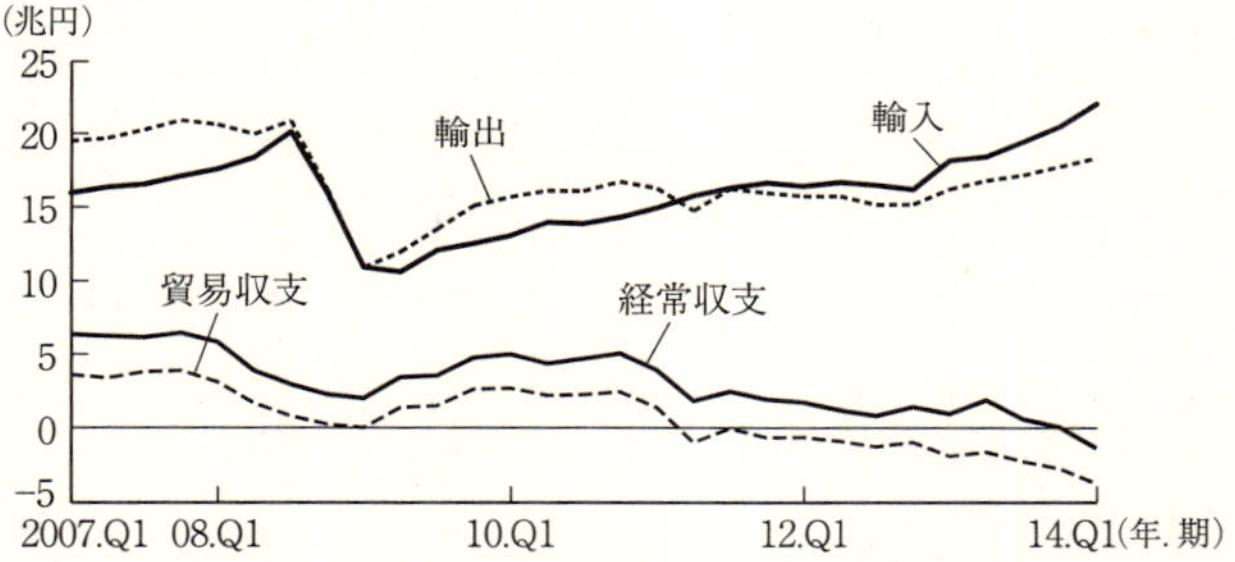

図 1-3　貿易収支(2007 年第 1 四半期-14 年第 1 四半期)
資料：財務省ホームページ「国際収支状況」
注：季節調整値

円安政策は効果を発揮していたようにみえた。ただし、増加したといっても、わずかであり、一二年のピークにも達しなかった。さらに、円安が止まった時から少し遅れて、輸出も減少に転じた。円安が輸出を拡大させたのだとすれば、円安が止まれば、輸出増大が止まるのも当然であろう。他方、円安にもかかわらず、輸入の伸びは著しい。

図1―3は日本の貿易収支と経常収支を示したものである。〇八年の金融危機以後、日本の(名目)輸出が急減した。輸入も急減したが、輸出ほどではなかったために、貿易黒字は急減し、一時的に赤字となった。その後、輸出の回復とともに、貿易黒字に転換し、額も増加していた。しかし、一一年三月の東日本大震災以後、輸出が伸び悩む一方で、輸入が増加し、貿易赤字が続いている。

一三年の前半は、円安による輸出価格の上昇と数量の拡大によって、輸出が増加していた。皮肉にも、黒田＝岩田日銀体制に代わると輸出数量の増加は止まる。輸入は、一三年前半、円安の結果、名目値では増加していた。一三年後半からは以前よりも急増する。その結果、一三年度の貿易赤字は一四兆円となり、過去最高となった。

日本は長年の間、輸出によって外貨を稼いできた。稼いだ外貨は外国に貸し出され（または投資され）、利益をあげている。そのため、一三年度の経常収支は、八〇〇〇億円の黒字である。黒字ではあるが、安倍首相の約束と比べれば遥かに小さい。しかも、一四年第一・四半期の経常収支（季節調整値）は一兆四〇〇〇億円の赤字である。一年に換算すると、五兆円を超える大幅な赤字である。

さて、経済が成長する時、輸入も増加し、それが貿易赤字を増加させる。このように貿易赤字の原因が経済成長自体にあるならば、問題はないであろう。しかし、円安にもかかわらず、輸出が伸びず、円安に加えて、経済成長率が低迷しているのに、輸入が急増しているのが現状である。深刻な状況といえよう。

アベノミクスの第二のつまずきは、輸出拡大による経済復活に失敗したことである。逆に輸入の拡大が、貿易収支、経常収支を悪化させるとともに、日本の経済回復を妨げている。安倍首相とリフレ派が述べていたのと正反対のことが生じたのである。

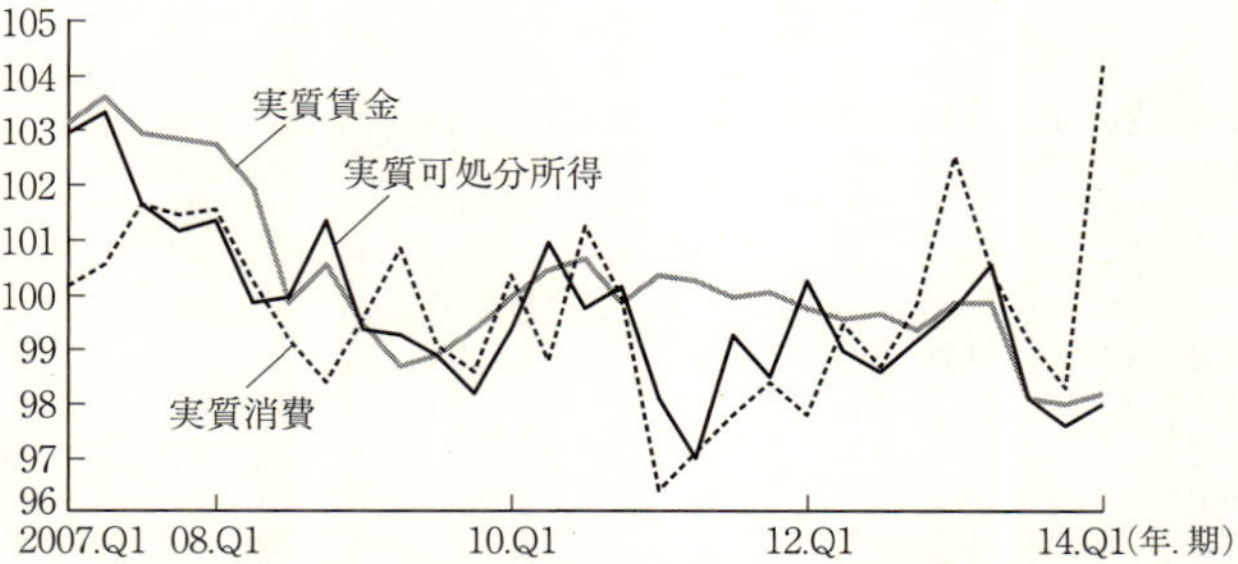

図 1–4　実質賃金，家計実質可処分所得，家計実質消費
(2007 年第 1 四半期–14 年第 1 四半期)

資料：厚生労働省ホームページ「毎月勤労統計調査」，総務省ホームページ「家計調査」
注：実質賃金は産業，事業規模 5 人以上のもの．実質可処分所得と実質消費は 2 人以上の世帯のうち，勤労者世帯のもの．いずれも 2010 年を 100 とする指数．季節調整値

実質賃金と可処分所得の低下

安倍政権は賃金上昇も訴えている。先述したように、二〇一三年四月の党首討論でも賃金は上昇すると断言した。一三年一〇月の岩田の講演でも、景気回復とともに、賃金も上昇すると論じている。実際はどうなっているのだろうか。

図1―4は実質賃金、勤労家計の実質可処分所得、実質消費を示したものである。この図をみると、三者はほぼ連動して変化していることが分かる。勤労家計の所得のほとんどは給与所得である。そして、家計は稼いだ所得の大部分を消費に費やしている。それを考えれば、三者が連動するのは当然ともいえる。

一九九七―九八年の金融危機以降、日本の実

質賃金も家計実質可処分所得も低落傾向にあった。しかし、一一年以降では、実質賃金はせいぜい微減である。家計実質可処分所得は増加している時期さえみられた。ところが、異次元緩和導入以後、両者は大きく低下した。実質賃金も実質可処分所得も、一四年第一・四半期には前年同期比で二％程度の減少をみせている。そして、賃金と可処分所得の急減と連動して、消費も急減している。一四年第一・四半期の消費は急増しているが、これは消費増税前の駆け込み需要の結果である。

実質賃金、実質所得とは、その賃金、所得でどれだけの消費財を購入することができるかを示すものである。したがって、名目では同じ賃金、所得であっても、消費財の価格が上昇すれば、低下する。しかも安倍首相の主張とは反対に、賃金と可処分所得は名目においても低下が続いている。その結果、実質賃金と実質可処分所得は急減することになった。

一四年四月に消費税が三％増税された。しかし、非課税品目もあることから、それによる消費者物価の上昇は二％程度だとされている。そして、この消費増税が日本経済の回復を妨げるのではないかともいわれている。しかも、消費増税とほぼ同じ分だけ、この一年間で家計の実質可処分所得は低下しているのである。これが消費に影響しないはずがないであろう。

もっとも、一四年の春闘では、大手企業が平均二％程度のベースアップを決めたと伝えられている。政府関係者はこのベースアップもアベノミクスの成果として宣伝している。

しかし、「毎月勤労統計調査」が示すところでは、一四年四月の労働者の（名目）所定内給与（速報値）は前年同月比で〇・二％低下している。実際には給与は名目でも下がっているのである。ただし、所定外給与や、特別に支払われた給与が急増したために、現金給与総額は前年同月比で〇・九％増加している。

実質賃金は三・一％も低下している。つまり、消費増税の効果を除き、残業による給与の増加を加えても、実質賃金は一％程度低下しているのである。

「家計調査」によると、一四年四月の勤労者家計の実収入も、可処分所得も前年同月比で、名目値は三％程度も低下している。実質値では七％程度の低下である。消費増税の効果を除いても、勤労者家計の所得は一年間で五％程度も実質で減少したことになる。勤労者家計の消費の減少は名目で三・一％、実質で六・九％である。消費の減少が可処分所得の減少とほぼ同じとなっている。家計の消費は所得によって決まるので、家計の所得が減少すれば、消費もそれと連動して減少することは不思議なことではない。

「毎月勤労統計調査」や「家計調査」は月次レベルのぶれが大きいので、細かな数値は当てにはならないかもしれない。それでも、政権関係者の主張とは正反対に、家計の賃金も所得も減少が続いていることは確実である。

アベノミクスの下で家計が苦境に陥っていることは、内閣府の「消費動向調査」をみても分かる。一二年末から消費者の状況は改善していた。しかし、一三年末より急速に悪化する。暮らし向き、収入、資産価値などすべての指標は急速に落ち込んだ。今では、アベノミクスが始まる前よりも、雇用を除く指標はすべて悪くなっている。雇用だけは相対的にまだましであるが、これも一四年に入ると悪化し始めている。

一三年一〇月の講演では、岩田は雇用者報酬が増加しているとも指摘していた。確かに一三年前半には雇用者報酬は実質で増加していた。しかし、一三年後半からは減少し続けている。そもそも、雇用者報酬は、アベノミクス以前においても、時期によっては下がった時もあるが、全体としては経済の回復とともに増加していた。その意味で雇用者報酬の増加をもって、異次元緩和の成果とみなすこと自体が間違いである。

大部分の家計は労働によって賃金を稼ぎ、それを消費に使っている。賃金と所得が急減する状況では、長期的にも消費が増加することはないであろう。異次元緩和の第三のつまずきは、賃金が低下し、消費が落ち込んだことである。

停滞する経済

二〇一三年第一・四半期の経済成長率は年率で五％近い。第二・四半期の経済成長率も高かった。このように、アベノミクスが始まってからの半年間の経済成長率は極めて高かった。しかし、安倍政権が誕生したのは一二年一二月であり、異次元緩和が始まるのは、一三年四月である。一三年前半の高成長は異次元緩和の成果ではあり得ない。

そもそも景気動向指数によると、日本の景気の谷は一二年一一月(暫定)である。経済の回復は、安倍政権の誕生とほぼ同時期に始まっている。経済の回復期には、一時的に高い成長率がでることがある。一三年前半の高成長は景気回復期の一時的なものだとみなすべきである。

皮肉にも、異次元緩和が始まると、経済成長率は低迷する。第三・四半期の経済成長率は年率で一％、第四・四半期にはほとんどゼロである。一四年第一・四半期の成長率は六％と極めて高いが、消費増税前の駆け込み需要によるところが大きい。

安倍政権は実質で二％、名目で三％の長期的な経済成長を目指している。この目標を基準とするならば、とても「日本経済が復活しつつある」とはいえないであろう。他方、日本経済の供給能力がどれだけ増加しているかを示すものを潜在成長率という。現在の日本経済の潜在成長率は〇・五—一％とされる。一三年後半の低い成長率も潜在成長率を基準とすれば、決して

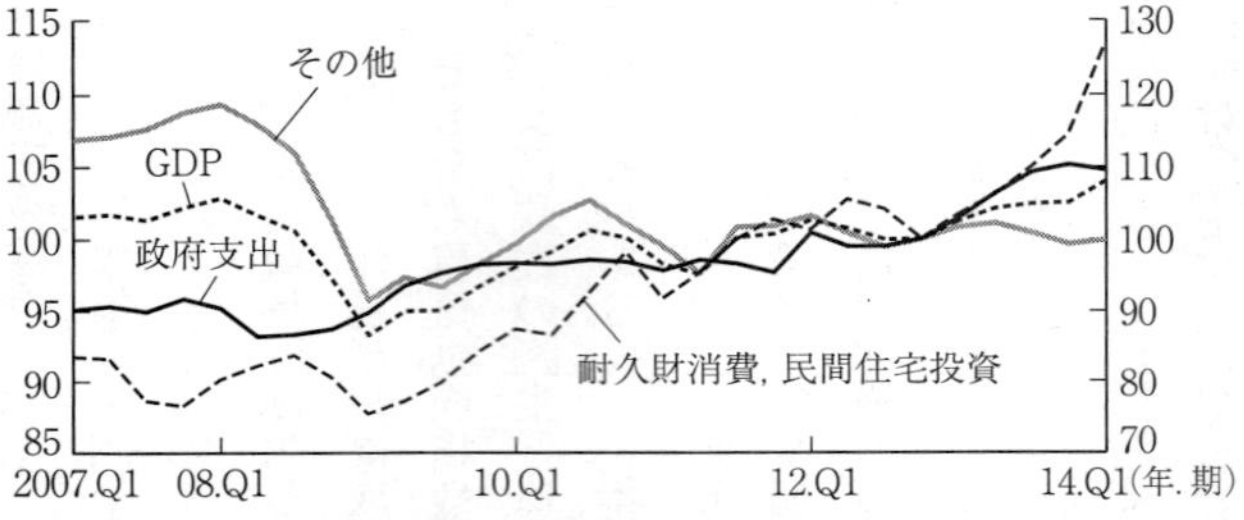

図 1–5 実質 GDP とその各項目(2007 年第 1 四半期–14 年第 1 四半期)

資料：内閣府ホームページ「国民経済計算」

注：耐久財消費，民間住宅投資は右目盛り，他は左目盛り．季節調整値，2012 年第 4 四半期を 100 とする指数

低いとはいえないかもしれない。

けれども、問題なのは中身である。図1–5は実質GDPとその各項目を示したものである。ただし、アベノミクスが始まった一二年第四・四半期の数値を一〇〇とする指数である。

耐久財消費と民間住宅投資は、経済の回復が始まった〇九年から急増している。この急増の一部分は、エコカー減税、エコ・ポイントなどの政策によるものであろう。アベノミクスが始まると、再び耐久財消費と民間住宅投資は急増する。この急増も一四年四月の消費増税を無視して考えられないであろう。また、政府支出の増加も大きい。政府支出の急増は第二の矢の効果であり、異次元緩和とは関係がない。

耐久財消費、民間住宅消費、政府支出を合わせると、GDPのほぼ四割を占める。アベノミクス下の経済成長

を支えたのは、この四割部分である。

さて、図をみると、一一年以降、その他六割部分は、GDPとほぼ連動して、増減していたことが分かる。しかし、アベノミクスが始まると、その他六割部分は、GDPと連動して増加しなくなる。一三年前半はわずかながらも増加していたが、後半には減少に転じた。一四年第一・四半期には少し増加した。それでも、アベノミクスが始まった一二年第四・四半期よりも小さい。しかも、高成長を支えた消費急増は駆け込み需要の結果である。

各要素が全体の増加にどれだけ貢献しているかを示す指標を寄与度という。例えば、今年の消費七〇、投資三〇からなる経済があったとしよう。翌年の消費が七七に増加したとすれば、経済全体の成長に対する消費の寄与度は(七七−七〇)／一〇〇＝七％となる。

政府支出は(自治体も含む)政府が決めるものである。しかし、日本政府の見通しでは、一四年度の政府支出の寄与度は〇・二％である。一三年度の一％から大きく低下する。駆け込み需要の反動によって、耐久財消費と民間住宅投資の増加率がマイナスとなるのもほぼ確実といえる。一三年後半の経済を支えた政府支出、耐久財消費、民間住宅投資に依存する成長は、一四年度には持続できないであろう。

時間軸をもっと長くとろう。そもそもリーマン・ショック後の世界同時不況以降、日本経済が文字通りの意味で停滞していたわけではない。底だった〇九年初めから計算すると、アベノミクス前までに、日本経済は七％程度も成長している。一三年前半にはさらに二％成長した。逆に異次元緩和が始まってからの経済成長率は低く、しかもその成長は政府支出と消費増税前の駆け込み需要によって支えられている。異次元緩和が日本経済を順調に回復させたとはいえないであろう。

低迷する経済は異次元緩和の第四の、そして最大のつまずきである。しかし、これは円安による輸出拡大と、株価上昇がもたらす資産効果による需要拡大という戦略に失敗した結果といえる。

伸び悩む消費

ところが、一三年三月の記者会見で、黒田総裁は消費は順調に増加していると述べている。これも本当だろうか。

図1－6は雇用者報酬、民間住宅、消費を示したものである。ただし、一三年第二・四半期を基準とする(累積)増加率である。参考のために、前回の消費増税前後(一九九六年、九七年)の増加率も図示している。

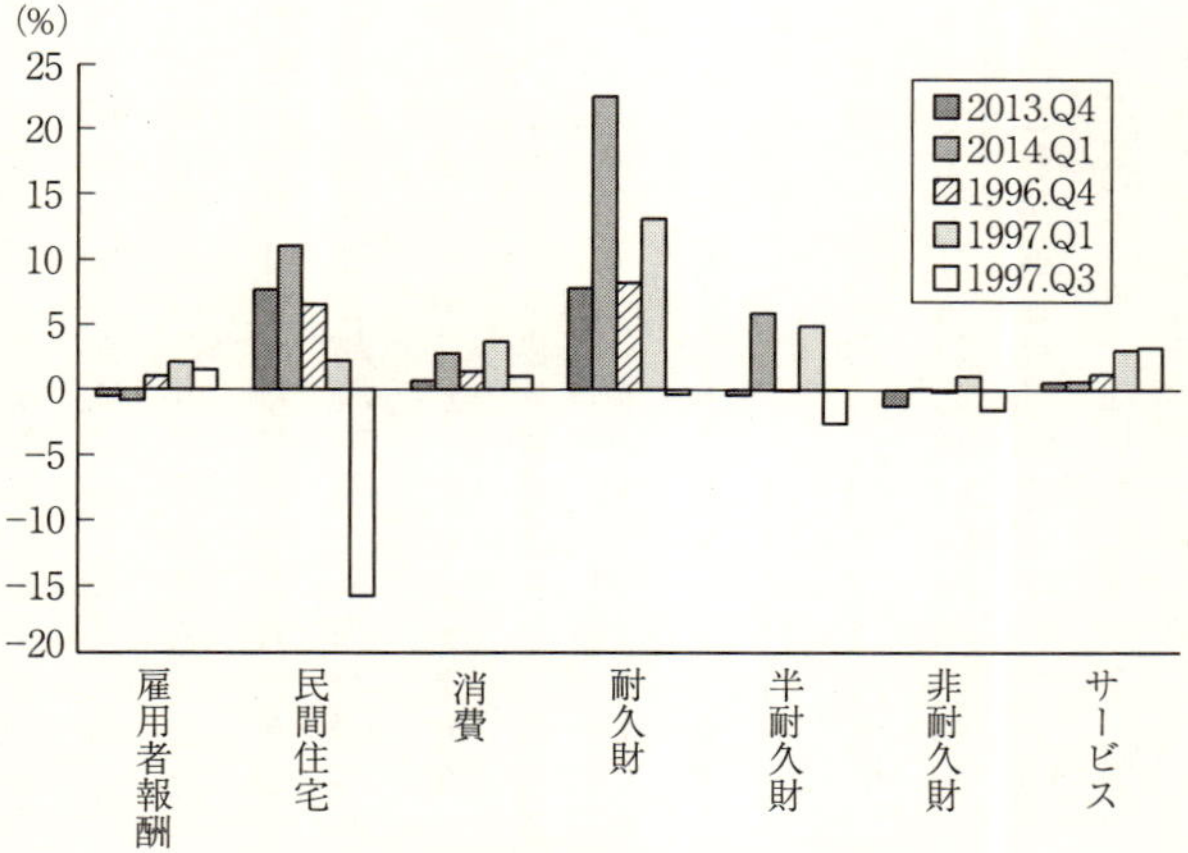

図 1-6　雇用者報酬，民間住宅，消費

資料：内閣府ホームページ「国民経済計算」
注：実質，季節調整値．2013 年第 4 四半期と 14 年第 1 四半期は 13 年第 2 四半期を基準とした(累積)増加率，1996 年第 4 四半期，97 年第 1 四半期，第 3 四半期は 96 年第 2 四半期を基準とした(累積)増加率．消費は国内家計のもの

図をみると、一三年後半以降、雇用者報酬は減少し続けていることが分かる。それにもかかわらず、消費はそれなりに増加し続けている。しかし、異常ともいえる急増をみせているのは耐久財である。民間住宅の増加率も高い。両者の増加率は前回の増税時にも高かったが、今回の増加率はそれを上回る。半耐久財は一三年後半にはむしろ減少していたが、一四年第一・四半期には一転して急増する。前回の増税時と同じパターンである。他方、非耐久財、サービスの増加率は極めて低い。

結局、急増したのは耐久性のある

ものであって、耐久性のないものは消費が伸びていない。消費の増加は消費増税前の駆け込み需要による部分が大きいと考えられる。消費が順調に伸びているとはいえないであろう。

消費増税後はどうなるかを考えるために、図では九七年第三・四半期の状況も示している。当時、民間住宅は基準にした九六年第二・四半期よりも大幅に減少している。耐久財、半耐久財、非耐久財も九六年第二・四半期の水準以下である。そして、耐久性のあるものほど落ち込みは大きい。サービスだけが九七年第一・四半期の水準を超えている。

九七年第一・四半期や第三・四半期と同じ減少率で、今回も各カテゴリーが落ち込むとすると、一四年第三・四半期の消費と民間住宅は、第一・四半期よりも一二兆円以上も減少する。これだけでGDPを二％も引き下げる。実際には、今回の駆け込み需要は九七年の消費増税時よりも大きかった。その反動も前回よりも大きいことが予想されるであろう。

すでに、総務省統計局(二〇一四)は一四年四月について、駆け込み需要の反動を調査している。そこでは三月の駆け込み需要の規模は、過去二回の消費税導入時と増税時よりもかなり大きいことが示されている。そして、四月の家計消費の減少(名目、前年同月比)は八九年(消費税導入)には〇・八％、九七年には一・〇％だったのに対して、二〇一四年には四・六％となっている。今回の駆け込み需要とその反動は、過去と比べて圧倒的に大きいのである。

一四年四月の消費の減少は可処分所得の減少とほぼ連動していることは先述した。したがって、一四年四月の消費の落ち込みは家計の所得減少の結果である部分が大きいかもしれないけれども、消費増税の効果が一時的であるのに対して、所得減少は一回限りで終わらないかもしれない。消費減少の原因が所得減少だったとすると、そちらのほうが深刻である。

もちろん、こうした傾向はこれからも続くとは限らない。しかし、予測可能な悪い事態を考えておかないと、それが現実化した時に慌てふためくことになる。少なくともこの程度のことは下振れリスクとして考慮しておいたほうがよいであろう。

雇用の改善は異次元緩和の成果といえるのか

有効求人倍率がリーマン・ショック前の水準を突破したことも、政権関係者によって宣伝されていた。それは正しい。しかし、有効求人倍率の改善は二〇〇九年半ばからのことである。この傾向が続けば、いずれリーマン・ショック前の水準を超えるのは当たり前ともいえる。

図1－7は新規求人数を示したものである。世界同時不況の中で新規求人数は急減した。しかし、早くも〇九年半ば以降、新規求人数は増加に転じている。特に一〇年には急増している。V字回復と呼ぶにふさわしいのは、急増をみせた一〇年である。リーマン・ショック後の底と

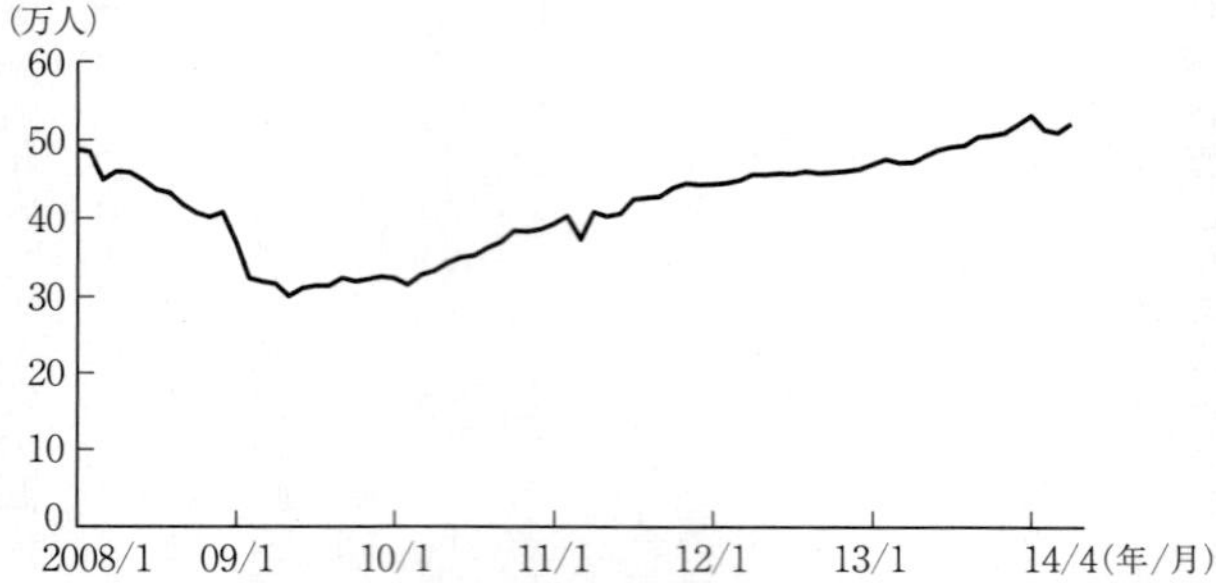

図 1-7　新規求人数(新卒及びパートを除く)
(2008 年 1 月-14 年 4 月)

資料：厚生労働省ホームページ「一般職業紹介」
注：季節調整値

なった〇九年第一・四半期からアベノミクスが始まる一二年第四・四半期までの経済成長率は年率に換算すれば二%近い。潜在成長率を大幅に超える。雇用が改善するのは当然のことといえる。

ただし、一二年には新規求人数の増加のペースは弱まっていた。アベノミクス開始以後、増加のペースが速まったことは事実である。しかし、先述したように、一三年前半の高成長は回復期の一時的な高成長である。一三年後半以降の経済成長を支えたのは政府支出と消費増税による駆け込み需要であった。したがって、雇用の改善は異次元緩和の成果とは必ずしもみなせない。また一四年に入ると新規求人数が減少に転じていることにも、注意を払ったほうがよいであろう(ただし、四月には多少増加している)。

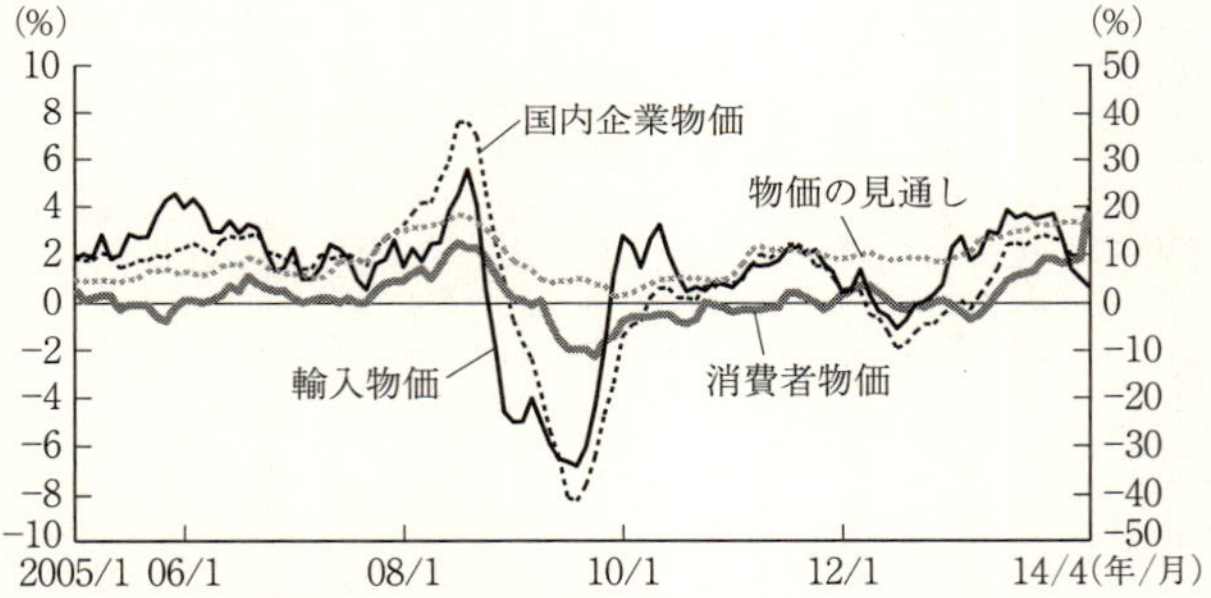

図 1-8　物価上昇率と物価の見通し(2005 年 1 月–14 年 4 月)

資料：総務省ホームページ「消費者物価指数」，内閣府ホームページ「消費動向調査」，日銀ホームページ
注 1：輸入物価は右目盛り．他は左目盛り
注 2：物価上昇率は前年同月比．物価の見通しは一般世帯のもの．1 年後の物価上昇率．−5% 以下を−5%，−5% 超−2% 以下を−3.5%，−2% 超 0% 未満を−1%，0% を 0%，2% 未満を 1%，2% 以上 5% 未満を 3.5%，5% 以上を 5% として，計算した．2013 年 4 月より調査方向を変更しているので，前後で数値の連続性はない

輸入インフレ

図1－8は物価上昇率(前年同月比)と家計の一年後の物価の見通しを示したものである。

リフレ政策の主たる目標はデフレ脱却である。現在の日銀は消費者物価上昇率を年率で二%へと引き上げ、それを安定化させることを目標としている。一三年六月、消費者物価上昇率が前年同月比でプラスとなり、一二月には一・六%にまで引き上げられた。

一三年一〇月以降、内閣府が調査した一年後の物価の見通しの指標も三%を超えている。内閣府によると、消費増税の効果込みで回答を要求しているということとである。すると、一四年三月から四月にかけて、物価上昇の見通しが急低下するはずであるが、それは生じていない。回答者は消費増税の効果を厳密に考えて答えていないようである。

リフレ派はデフレ脱却のためにインフレ期待を起こすことが必要であると論じてきた(一〇一—一〇二頁参照)。これだけをみると、それが実現しているようにみえる。けれども、日本は一九九〇年代以降、一貫して消費者物価が下がり続けていたわけではない。二〇〇八年七—九月にも消費者物価上昇率(前年同月比)は二%を超え、インフレ期待は三%を超えていた。インフレは現在よりも高く、インフレ期待も現在と同じくらい高かった。当時は世界経済が減速し、世界同時不況へ突入しようとしていた。日銀が積極的な金融緩和を行ったから、インフレになったわけでもない。

当時のインフレの原因は、世界的に原油価格、広くは一次産品価格が高騰した結果である(世界的な危機の中で行き場を失った資金が一次産品市場に流入したことが、一次産品価格の高騰の原因だという話もある)。

日本は一次産品のほとんどを外国に依存する国である。一次産品価格の高騰は、輸入物価の高騰を意味する。実際、〇八年七月から九月にかけての輸入物価上昇率は前年同月比で二〇%に近いか、それを超えていた。資源価格が上昇すると、製造品の原材料費が上昇する。その一部が製品価格へと転嫁され、消費者物価が上昇したのである。けれども、〇八年の一次産品価格の高騰はすぐに収まり、反落した。その結果、〇九年の消費者物価は逆に前年同月比で二％も低下した。

現在のインフレもまたこうしたコスト・プッシュ型といえる。ただし、起点は円安である。円安は資源の輸入価格を引き上げた。それが原材料費の高騰を通じて、消費者物価を引き上げた。あるいは韓国製のデジタル家電などが輸入された場合には、直接的に消費者物価を引き上げることになる。

図では国内企業物価も示している。一二年には国内企業物価の低下は消費者物価よりも大きかった。それが一三年後半には、国内企業物価の上昇率は二％を超え、消費者物価の上昇率を大きく超えるようになった。

国内企業物価のほうが輸入インフレの影響を受けやすい。〇八年においても、国内企業物価が消費者物価よりも急激に上昇していた。つまり、この事実は今回の物価上昇が輸入インフレであることを示しているといえよう。

けれども、輸入物価の上昇が終われば、輸入インフレは終わるはずである。実際、〇八年の一時的なインフレも、輸入物価の急落によって、終わっている。

今回の場合も、一三年五月から円安が止まっている。一三年末から、輸入物価の上昇も止まった。それと期を同じくして、消費者物価も国内企業物価も上昇が止まっている。ただし、一四年四月の消費者物価と国内企業物価は急上昇しているが、これは消費増税のためである。

もちろん、過去と現在の状況を単純に未来に延長することはできない。けれども、控えめに考えても、これまでの消費者物価の上昇が輸入インフレの結果でないことが明らかになるまでは、本当にデフレから脱却できたかどうかの判断を行うことはできないはずである。

輸入インフレの終了によるデフレへの後戻りは、もし生じれば第五のつまずきとなるであろう。

輸入インフレは同じ効果を持つのか

ところで、消費者物価の上昇は日本経済の復活の手段であって、それ自体を目的とすべきではないであろう。すると、同じ二%の消費者物価の上昇であれば、その原因が何であっても、実体経済への影響は同じといえるのかが大きな問題となるであろう。

通常、経済の回復とともに、物価も賃金も上昇する。この場合、物価と賃金の上昇をもたらしたものが経済の回復であったことから、物価や賃金の上昇と経済の回復が同時に生じることは、当然の話といえる。他方、消費増税も物価を上昇させるが、それが日本経済を復活させるとは誰も思わないであろう。消費増税は家計の可処分所得を縮小させるからである。

輸入インフレの場合、物価上昇の利益は外国へと流出する。輸入価格の上昇を製品に完全に転嫁できない場合には、企業は損失を被る。逆に輸入価格の高騰が製品価格へと転嫁されれば、それに応じて、消費者は損失を被る。輸入インフレも国内経済の拡張要因として考えることはできないだろう。けれども、円安は輸出インフレによる利益を生む。

インフレの原因が円安の場合には、利益と損失のいずれが大きいかによって答えが異なるであろう。現在の日本経済では、円安にもかかわらず、輸出は減少し、輸入は増加した。すると、輸入インフレの悪影響のほうが大きくなることが予想される。ただし、輸出インフレの利益を受けるのは輸出産業であり、輸入インフレの損失を被るのは国内産業と家計である。

表１－１は二〇一二年第四・四半期―一三年第四・四半期の間に、法人企業の営業利益と従業員給与・賞与などがどれだけ増加したかを示したものである。この間で製造業の営業利益が七割近くも増加した。円安は輸出価格を高騰させることによって、輸出企業の営業利益を増加させたことが分かる。

非製造業の営業利益増加率一二・六％は製造業と比べると遥かに低いが、絶対的には高い値

表 1-1　法人企業の営業利益と従業員給与・賞与など(2012年第 4 四半期–2013 年第 4 四半期の変化)

	製造業(前年同期比 %)	非製造業(前年同期比 %)	建設業(前年同期比 %)
売上金額	452 億円 (4.7)	760 (3.4)	285 (12.2)
営業利益	206 億円 (69.1)	96 (12.6)	28 (43.0)
従業員給与・賞与	−1 億円 (−0.1)	−139 (−5.7)	19 (6.8)
従業員数	−8 万人 (−0.9)	−98 (−4.0)	16 (7.0)

資料：財務省ホームページ「法人企業統計」
注：金融保険業を除く

といえる。しかし、非製造業では従業員の給与・賞与が営業利益の一・五倍も減少している。内需型の非製造業は賃金を圧縮することによって、利益を増加させているのである。

ただし、公共事業の拡大と、消費増税による駆け込み需要によって住宅建設の恩恵を被った、建設業は別である。建設業では事業の拡大とともに、従業員も急増した。第二の矢は建設業に大きな利益をもたらしていることが伺える。

3　アメリカ経済は本当に回復しているのか

経済成長率の日米比較

ＦＲＢ前議長バーナンキはリフレ派の代表格であった。彼は日本の長期停滞は日銀が金融緩和を行えばす

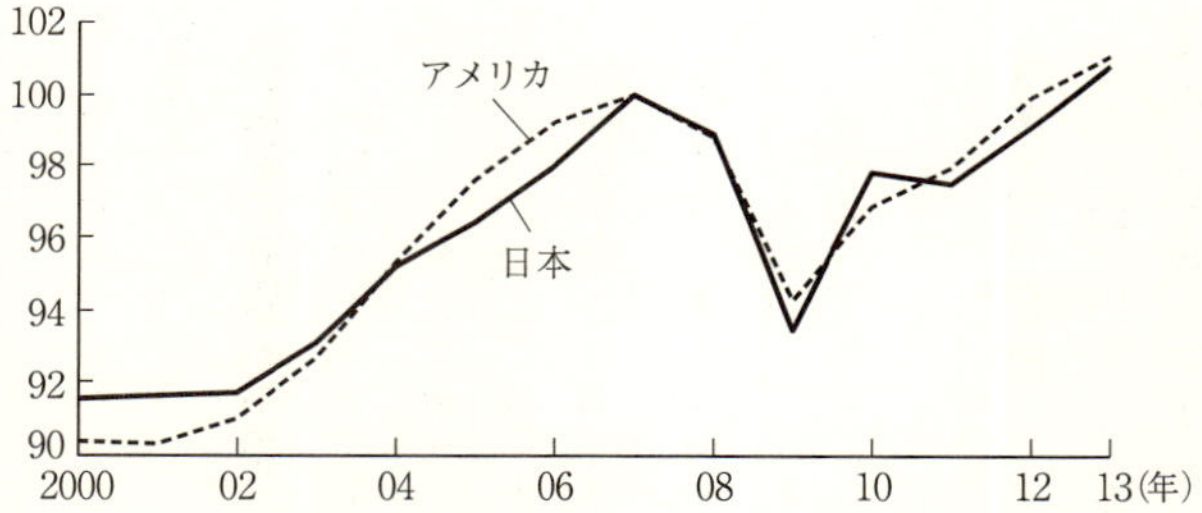

図 1-9　日米の一人あたり GDP(2000-13 年)
資料：IMF ホームページ
注：2007 年を 100 とする指数

ぐに解決すると論じていた(バーナンキ、二〇〇二)。二〇〇八年の危機後、バーナンキは日銀に薦めていた量的緩和政策を三度も行った。一時は一〇%を超えていた失業率も今では六%台になっている。リフレ派によれば、彼の積極的な金融政策は、アメリカと世界が第二の大恐慌を引き起こすことを防いだ。他方、こうした積極的な金融緩和を行わないために、日本は未だに経済を回復できないでいる。

こうした話は本当だろうか。

図1－9は日米の一人あたりGDPを示したものである。ただし、世界的な危機の前年である〇七年を一〇〇とする指数である。日本は人口が停滞から減少に転じた国であり、アメリカは今なお人口が成長する国である。経済全体で考えれば、その分だけアメリカの経済成長率が高くなる。

しかし、一人あたりの成長率で考えれば、〇八年の危機の前においても、日本の経済成長率はアメリカとほとんど変わらない。しかも、この時期のアメリカは住宅バブル期にあたる。もっとも、日本もアメリカとヨーロッパのバブルの中で輸出を拡大させ、成長できたから、世界的なバブル景気の恩恵を受けていた。

〇八年の危機の中で、日本の経済成長率はアメリカ以上に落ち込んだ。けれども、その代わり、一〇年には大きく回復した。一一年には東日本大震災の影響もあり、再び経済は落ち込んだが、一二年には回復している。東日本大震災の影響を省けば、危機からの復活のペースは日本のほうがむしろ速いとさえいえる。

高齢化が進む日本では、総人口以上に現役世代の人口が減少している。したがって、人口一人あたりの比較は日本にとって不利である。現役世代一人あたりで比較すると日本の相対的なパフォーマンスはさらに向上する。成長するアメリカと停滞する日本という対照的なイメージは、〇八年の危機の前においても正しくないのである。

就業率の日米比較

図1－10は日米の現役世代(実際には二五―五四歳)の就業率を比較したものである。ただし、月ごとの変動をならすために、一二カ月分を移動平均している。二〇〇八年の危機の後、経済

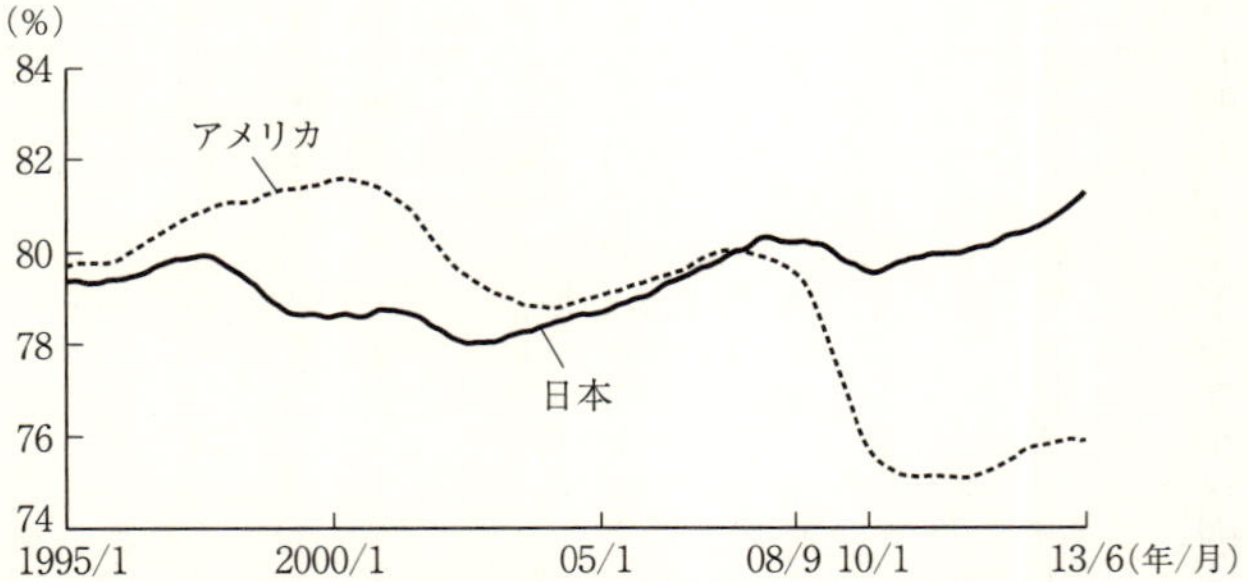

図 1-10　日米の現役世代の就業率(1995 年 1 月-2013 年 6 月)

資料：総務省ホームページ「労働力調査」，セントルイス連銀ホームページ

注：25-54 歳．12 カ月移動平均

の落ち込みはアメリカよりも日本のほうが激しかった。しかし、日本の就業率の落ち込みは一%ポイントにも満たない。他方、アメリカは五%ポイントも落ち込んだ。

経営が悪化した時に、アメリカの企業は一般的に労働者の賃金を下げるのではなく、レイオフ(一時解雇)するといわれている。他方、日本の企業では、正社員の解雇は最後の手段である。日本の政府も雇用調整助成金によって、企業が解雇を避けることを支援してきた。

アメリカだと解雇されたはずの労働者が企業内に留まるので、日本では就業率の低下がわずかになる。浜田(二〇一三、一一七頁)によれば、雇用調整助成金がなければ、失業率は一二%から一三%に跳ね上がるそうである(ただし、計算したのは岩田だそうである)。一〇%

を超えないとしても、実質的な失業率の急上昇が生じていたことは確かであろう。

しかし、経済が回復した際には、社内に不必要な労働者を抱える日本のほうが、理論的には雇用回復が遅れるはずである。けれども、実際は逆である。〇九年にはすでに日本では就業率の回復が始まり、一二年にはかつてのピークを超えた。他方、アメリカは一一年にならないと、回復し始めないし、一応の回復をみせてからも、そのペースは極めて遅く、ほとんど回復していないとさえいえる。

失業率の定義は仕事をする能力と意思がありながら、仕事につけない人である。仕事がみつからないので、仕事を探すのをやめると、統計の上では、その人は失業者でなくなってしまう。アメリカにおいて失業率が一〇%から六%に低下したと聞くと、金融緩和が多大な効果をあげたように聞こえるが、実際にはこうした見かけの部分が大きいのである。

長期的な日米比較を行おう。一九九〇年代半ばには、日本の就業率はわずかであるが、上昇していた。しかし、九七—九八年の金融危機後、日本の就業率は低下する。一方、アメリカはITバブルの中で就業率は上昇し続けた。この時期にはアメリカのほうがパフォーマンスは優れていた。

しかし、ITバブルが崩壊すると、アメリカの就業率は急低下した。逆にいざなみ景気の中で日本の就業率は急速に回復し、九〇年代後半のピークを超えた。アメリカも住宅バブルの末期には就業率が多少回復した。けれども、それは大きなものではなかった。その後の世界的な危機の中で、アメリカの就業率は急低下し、ほとんど回復していない。他方、世界的な危機の中でも日本は就業率の低下がわずかで、素早く回復し、かつてのピークを超えている。

結局、二〇〇〇年代を全体としてみた場合でも、就業率については日本のほうがパフォーマンスは遥かによい。なぜこのような結果になったのだろうか。

就業率は労働の需給によって決まる。現役世代が減少する日本では労働供給は減少している。そのため、比較的低い経済成長率でも、労働需要が労働供給を上回ることになる。逆に人口が増加するアメリカでは労働供給が増加し続けている。アメリカの就業率が二〇〇〇年代において、トレンドとして低下しているのは、労働供給との比較において、二〇〇〇年代のアメリカの経済成長率が低いからである。

二〇〇〇年代前半のアメリカは、住宅バブルの中で順調に経済成長が続いていたと思われているにもかかわらず、実際にはその成長率は並以下であった(この点については、服部、二〇一二、七二―七三頁参照)。さらに、〇九年第二・四半期(危機後の底)から現在までの成長率は、全体では年率二％を少し超える程度である。アメリカの潜在成長率二・五％に達していない。成長率の低さを考えれば、就業率が回復しないのはむしろ当然といえる。

逆にいざなみ景気期でも、〇八年の危機からの回復期においても、日本は二％近い経済成長率を実現している。潜在成長率との比較では一％程度高い。日本の雇用が回復するのも当然といえよう。

一四年三月の記者会見で、黒田総裁は日本経済は完全雇用に近い状況にあると発言した。しかし、たかだか一三年前半に高成長が続いただけで（後半は経済成長率が低迷していた）、事実上一〇％を超える失業率が完全雇用に近くなるということはあり得ない。一時期は事実上の失業率が急上昇していたとしても、その後の回復によって、アベノミクスが始まる前にすでに、日本では完全雇用に近い状況が実現していたということである。

アメリカ経済の回復の遅れは、『米国経済白書』（アメリカ大統領経済諮問委員会、二〇一三、八一—九二頁）も認めるところである。ただし、『米国経済白書』では、その理由の三分の二が人口高齢化など構造的要因であり、残りの三分の一がバブル崩壊や金融危機の後遺症という今回の危機に特有な要因である。

人は一人前になるためには時間がかかるから、一般的に中高年の能力が劣っているとはいえないであろう。確かに、新しい技術に対する適応力は若者に劣ることも事実である。だから、高齢化が進むと技術革新に対する適応が遅れることになる。

だが、これは供給サイドの制約によって経済成長率が低下するということである。それならば、就業率は上昇するはずである。アメリカの現実とは一致しない。逆に日本では就業率は長期的に上昇していた。そして、日本の高齢化は規模と進行のペースの両方で世界最高レベルである。高齢化仮説が当てはまるのは、日本であり、アメリカではない。

他方、経済が大きく落ち込んだ時、その反動によって、通常、回復期の成長率は高くなる。しかし、金融危機をともなう場合、経済の落ち込みは極めて大きくなるが、回復もまた極めて遅くなるという経験則がある。この経験則はアメリカの現実と一致する。

逆にバブルも金融危機もなかった日本では、〇八年の危機後も、一一年の東日本大震災後も、回復期の成長率は一時的に極めて高かった。一三年前半期の成長率が極めて高かったのも、一二年のマイナス成長の反動の結果であった。ただし、こうした高成長は続かない。日本においても回復期の成長率に関する経験則は当てはまる。

以上のことから、日本の経済成長率の落ち込みは人口高齢化仮説に当てはまり、現在のアメリカの停滞はバブル崩壊と金融危機の結果であると考えられる。

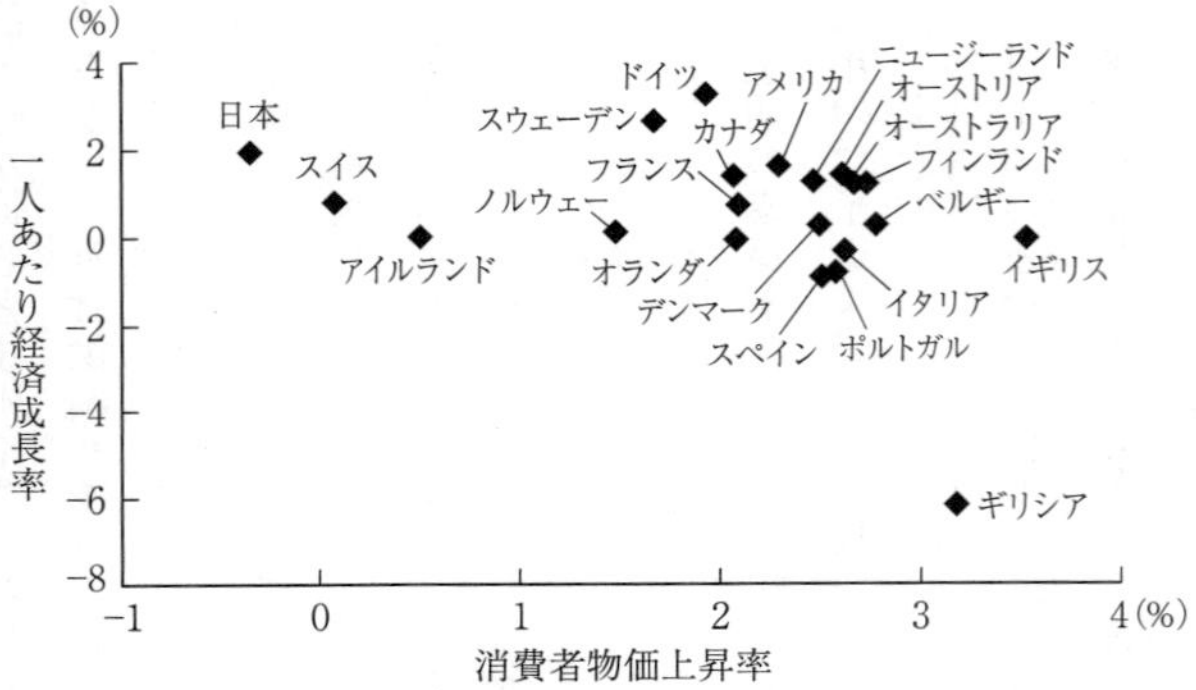

図 1-11　主要先進国の一人あたり経済成長率と消費者物価上昇率
資料：IMF ホームページ「データ・ベース」
注：いずれも 2009–12 年の平均

一人あたり経済成長率の国際比較

二〇〇八年の危機が生じた時、アメリカ、イギリス、ユーロ圏の中央銀行は積極的に金融緩和を行った。例外が日本である。そのため、他の国は順調に経済回復を遂げる中、日本だけが出遅れているそうである(浜田、二〇一三、六八―七〇頁)。この話も本当だろうか。

図1‐11は主要先進国の一人あたり経済成長率と消費者物価上昇率を示したものである。いずれも世界同時不況が底に達した〇九年(国によっては底となる年に違いがある)からアベノミクスが始まる一二年までの平均的な増加率である。

図において最も経済回復のペースが速いのはドイツである。日本と同じく、ドイツにもバブルは存在しなかったが、輸出の急激な落ち込みによって、経済の悪化は他国と比べて著しかった。しかし、ドイツは輸出の急回復によって、その経済を回復させた。

日本はドイツに次ぐ第二グループを形成している。日本の場合には、東日本大震災によって、一一年はマイナス成長となっていた。これがなければ、ドイツと同じくらい回復していたかもしれない。ただし、日独の経済回復が著しいのは危機後の激しい落ち込みの反動による面が大きいことも忘れてはならないであろう。

逆に〇九年以降も、経済が大きく落ち込んでいるのは、ギリシア、スペイン、ポルトガルである。イタリアもマイナス成長である。アイルランドは図ではわずかながらもプラスになっているが、危機前の〇七年からで考えると、落ち込みは一五％を超え、ギリシアに次いで大きい。この五カ国ではいずれも財政危機があった(頭文字をとってＧＩＩＰＳ諸国として総称される)。

ＧＩＩＰＳ諸国の危機は、統一通貨ユーロの欠陥のためだとされる。ＧＩＩＰＳ諸国は経済危機を解決するために、金融を緩和し、デフレを防ぎ、通貨を切り下げなければならない。しかし、統一通貨ユーロを使用しているために、一国単独で金融政策を立案することができない。そのために危機を解決できないとされる。ところが、実際にはＧＩＩＰＳ諸国は基本的にデフレを防止している(ただし、最近はＧＩＩＰＳ諸国を含むヨーロッパ全体にデフレが広がってきているという話もある)。デフレが防止できれば、問題が解決するわけではないのである。

統一通貨ユーロに欠陥があることは認めたとしても、問題はそれだけではないことは、イギリスが示している。イギリスは一三年になっても、一人あたりGDPは〇七年の水準を六%も下回っている。GIIPS諸国以外では、最も経済の回復が遅い国の一つである。他方、浜田のいうようにイングランド銀行は積極的な金融緩和を行った。消費者物価上昇率は三%を超え、むしろインフレ気味である。

浜田は「イギリス経済は、財政問題がいくらか残っているが、すでに景気回復を始めている」(二〇一三、七〇頁)と書いている。何を根拠にそのようなことを書くのか、筆者には全く理解ができない。

さらに、全体としてみても、消費者物価と経済の回復のペースには関係がみられないことが分かる。ギリシアを外れ値として除外してもしなくても、相関をとるとマイナスになる。デフレを阻止しても、経済の回復を保証するわけではないことが分かるであろう。

ところで、マクロ経済政策には財政政策もある。ブラインダー&ザンジ(Blinder and Zandi, 2010)はアメリカが〇八年の経済危機を終わらせるに際して、金融機関の救済と財政政策が大きな役割を発揮していると主張する。

その後、アメリカは何回か財政の崖問題を引き起こしている。アメリカでは連邦政府の債務の上限を法律によって定めている。ところが、財政赤字の累積によって、その上限を超えることが確実となった。上限を引き上げれば問題は解決するが、民主党と共和党の対立のために、債務の上限を引き上げることが難しくなっていた。一時的な妥協によって上限を引き上げても、それが小幅なために、財政の崖問題は繰り返されている。

もし上限の引き上げができなくなった時には、強制的に緊縮財政が行われることになっていた。そうなると、アメリカの経済成長率が一気にマイナスへと転落すると懸念されていた。逆に考えると、アメリカの成長は財政政策によって支えられていたということである。

けれども、ユーロ危機の煽りを受けて、ヨーロッパでは財政政策を緊縮路線に転換している。ユーロに加盟していないイギリスもそうである。政治対立の煽りの結果、アメリカもそうである。けれども、それがかえって経済を悪化させているという批判も根強い。しかし、重要な例外が日本である。

量的緩和政策(異次元緩和政策)を実施してもその効果がないか、あったとしてもわずかであるとしよう。すると、緊縮財政の大きなマイナスを量的緩和政策が打ち消すことはできなくなる。他方、量的緩和政策を実施しなくても、緊縮財政をとらなければ、ゼロ・マイナス・ゼロでゼロとなる。すると、経済の回復を決定するのは財政政策のスタンスということになるし、実際にもそうなっている(この点については、第3章の一一三―一一八頁も参照)。

日本が出遅れているという話には根拠がないし、財政政策を無視して経済の回復を論じることもできないのである。

賃金の下方硬直性がデフレを防ぐ

先述したように、二〇〇八年と現在の日本の消費者物価は上昇している。輸入物価の上昇が費用の増加を通じて、消費者物価を押し上げたのである。ここから、「費用が上昇すると、物価が上昇する」という命題を得ることができる。しかし、日本の輸入性向はせいぜい一五%程度であるから、輸入物価が物価を押し上げる効果は限定的である。

費用として圧倒的に重要なのは賃金コストである。原材料のコストもあるが、原材料を作るためには労働が必要だから、賃金コストが上昇すると原材料のコストも上昇する。ところが、日本の場合、一九九八年以降、賃金コストは二割も低下している。これはGDPデフレータの二割の低下と対応している。デフレ脱却のために、賃金コストの上昇が不可欠というのはそのためである。

失業率と物価上昇率の関係を示す曲線をフィリップス曲線という。しかし、フィリップス(Phillips, 1958)が元の論文で示していたのは、失業率と賃金上昇率の関係であった。フィリップスは一〇〇年近いイギリスのデータから、失業率が低い時期に賃金が大きく上昇することを発見したのであった。この関係は、図1－12の右下がりの直線として示すことができる。

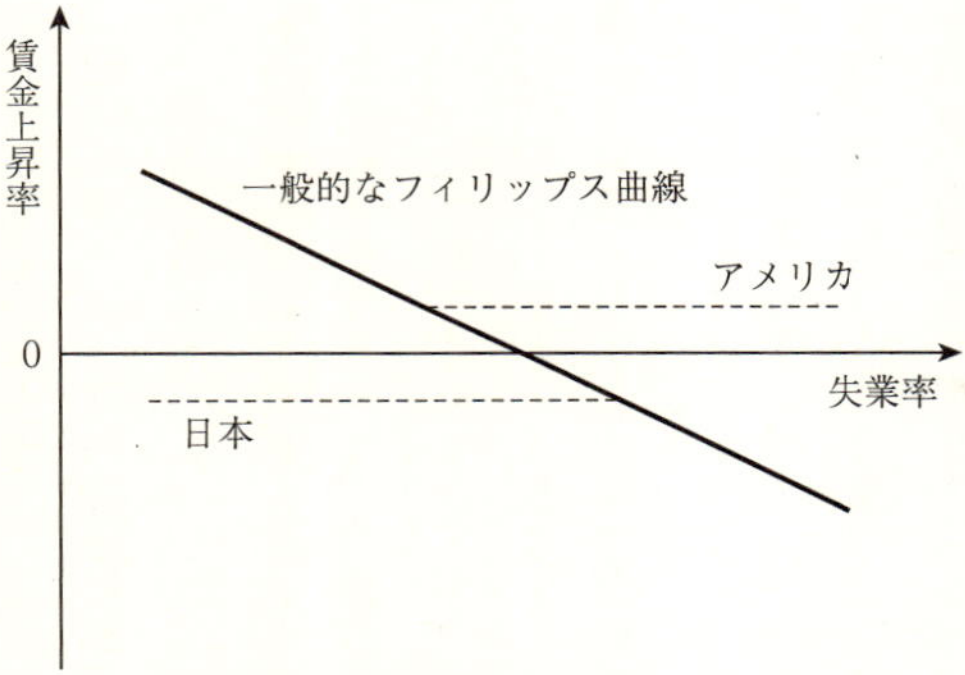

図1–12　賃金版フィリップス曲線

　しかし、失業率と賃金上昇率の関係は労働市場の状況によって変わるであろう。例えば、場合によっては、失業率が高くなっても、労働者は賃金の引き上げを要求するかもしれない。企業も何らかの理由によって、レイオフをしながら、賃金の引き上げに応じたほうが望ましいと考えるかもしれない。こうした国では、失業率が高いところから、フィリップス曲線は、水平となる。

　アメリカにおいて、失業率が高いにもかかわらず、賃金が上昇するのは、こうした賃金の下方硬直性が作用しているからだと考えることができる(下方硬直性といっても、相対的なものである)。

逆に日本では、昔から経営が悪くなった時に、雇用を維持する代わりに、賃下げを行うことが一般的であった。こうした国では賃金は比較的伸縮的となる。最近では正規社員より遥かに給与が低い非正規社員が拡大している。その結果、現在の日本では、失業率が低下しても、賃金が逆に下がるという、賃金の上方硬直性が生じている。すると、日本においては、アメリカとは逆に失業率が低いところでは、フィリップス曲線が水平となる。

リーマン・ショック後でも、二〇〇〇年代全体と期間を長くとっても、日本では就業率は回復している。しかし、雇用が拡大しているのは、非正規労働である。原理的に非正規労働が悪いとはいえないかもしれないが、日本の問題は非正規労働の待遇が圧倒的に悪いことにある。同じように長時間、同じような仕事をしていても、非正規労働の給与が正社員の半分以下、三分の一以下というようなことは珍しくない。さらに非正規労働の給与の低さは、正規労働の給与削減圧力を作り出している。賃金の上方硬直性が賃金デフレを作り出した。

他方、アメリカはデフレを回避できている。ところが、デフレが回避できても、就業率は極めて低い。これは一つの謎のようにみえるが、デフレの回避が賃金の下方硬直性のためであるとすれば、ほとんど同義反復だといえよう。

4　政治のレトリック

歪んだ政策評価

これまで、通念に反する重要な事実を明らかにしてきた。けれども、政策だけが日本経済の姿を決めているわけではない。政策の評価を正しく行うためには、政策が行われた場合と、行われなかった場合、それぞれの日本経済の姿を測定し、その差分を計算しなければならない。

例えば、日本の経済成長率がゼロだったとしても、異次元緩和が行われなかった場合、成長率がマイナス三％になっていたとすれば、異次元緩和は成長率を三％引き上げたことになる。逆に四％という高い成長率であっても、異次元緩和が行われなくても四％の成長率だったならば、政策効果はゼロである。しかし、異次元緩和が行われなかったら、日本経済がどうなっていたかは正確には誰にも分からない。そのため、政策評価は曖昧なものとならざるを得ない。

こうした曖昧さにつけ込んで、政府・日銀は自己の政策の正当性を主張することができるし、実際にもそうしている。よい経済データがでた時には成果を盛んに宣伝する。逆に悪いデータについては、単に無視するか、よいデータを示して反論するか、他の要因に責任転嫁するか、悪いのは一時的であると主張するのである。

安倍が首相になる前に、無制限の金融緩和を行うべきだと提唱すると、直ちに円安と株価上昇が生じた。すると、安倍の周りの政治家や経済学者は、早速、市場がアベノミクスを支持していると訴えた。

逆に二〇一三年五月には株式市場の大暴落が生じた。先程の論理を適用すれば、市場がアベノミクスを拒否したことになる。ところが、安倍首相とその関係者は、株価には一喜一憂すべきではない、有効求人倍率は順調に上昇していると述べた。悪いデータを無視すると同時に、よいデータを示して反論したのである。

異次元緩和前に生じた株価上昇と円安が、異次元緩和実施後すぐに止まったならば、異次元緩和は失敗だったと考えるのが普通である。しかし、政府・日銀は、彼らに都合のよい政策評価を行うことによって、異次元緩和に効果があったかのような錯覚を作り出したといえる。

また、一三年前半の経済成長率は高かった。逆に一三年後半の成長率は低迷した。政府支出の拡大と消費増税前の駆け込み需要を除けば、成長率はマイナスである。これに関しても、一三年前半の高成長は景気回復期の一時的な高成長とみなし、一三年後半の低成長、あるいは事実上のマイナス成長は異次元緩和の失敗と考えるのが、普通の評価の仕方である。ところが、政府・日銀は一三年前半の高成長をアベノミクスの成果であると主張し、一三年後半の低成長は問題としない。

他方、有効求人倍率は順調に上昇し、リーマン・ショック前の水準を超えた。政府・日銀はそれを異次元緩和の成果であるかのごとく論じる。けれども、実際には有効求人倍率の上昇は以前から始まっていた。

一三年三月の記者会見で、黒田総裁は、輸出が伸びていないことについて、質問を受けた。すると、彼は輸出が伸びていないのは、世界経済が思わしくないからであり、一時的なものにすぎないと返答した。

異次元緩和が行われる前と行われてからしばらくの間、日本の輸出は一時的に増加し、経済成長率も一時的に高かった。ところが、黒田総裁はこの輸出増加と高成長に対して、一時的という言葉を使わない。他方、一三年後半以降、輸出や経済が停滞していることには、一時的という言葉を使う。一時的という言葉の使い方を間違っているのではないのだろうか。

政府・日銀とそれに関係する経済学者は歪んだ政策評価によって、異次元緩和に成果があったかのごとく宣伝しているのである。

経済的センスは三流

一九九〇年代初め、バブルが崩壊すると、日本の銀行は不良債権を抱えることとなった。不良債権問題の危険にいち早く気づき、その解決に尽力したのが当時の首相の宮沢喜一だった。しかし、彼はその解決に失敗する。竹森（二〇一二、五五頁）はこの宮沢元首相を、経済的センスは一流だが、政治的センスはせいぜい二流と評価する。

我々は危機にいち早く気づき、それに対処する先見性のある指導者を欲していよう。しかし、先見性のある指導者は、凡人には理解できない危機にいち早く気づくから、先見性があるといえるのである。こうして、危機が理解できない凡人の間で、先見性のある指導者は孤立する。

逆に経済的センスは三流だが、政治的センスは一流というのもあろう。

バーナンキがリフレ派の理論的基礎を提供した経済学者の一人であることは、先述した。アメリカの住宅バブルの最中、そのバーナンキは住宅バブルも、バブルの中で広がる返済できない負債の存在も否定していた。実はバブルが崩壊してからも、金融危機の可能性を繰り返し否定した。

「まえがき」で取り上げたウォルフェンソンの夕食会で、彼は「また世界大恐慌が起きるのだろうか、それとも日本のように、失われた一〇年になるのだろうか」（ソーキン、二〇一〇、上、二九一頁)という質問も行っていた。

これに対する招待客の一致した見解は、おそらくアメリカ経済は日本のように長期的な不況に陥るというものだった。しかし、バーナンキはどちらのシナリオもありえないと発言して、まわりを驚かせた。「われわれは世界大恐慌と日本から充分学んでいる。どちらも起きません」彼は断言した。　(同前、二九一頁)

それから一カ月もたたないうちに起きたのが、リーマン・ブラザーズの破綻である。破綻の翌日である九月一六日の午前、ＦＲＢの金融政策を決定する会合が開かれた。その議事録を読むと、出席者のコンセンサスは、経済は不況に突入するが、翌年の前半から回復するというものであった。政策金利も据え置かれた(Federal Open Market Committee, 2008. 地主ほか、二〇一二、一三五―一三六頁も参照)。ＦＲＢ関係者は金融システムの混乱が経済に悪影響を与えていることは理解していたが、それは一時的で短期間で収束する(可能性が高い)と判断していたのだった。

結果的にアメリカ経済は大恐慌のような経済崩壊は回避できても、日本のような長期停滞は避けられなかった。バーナンキのみならず、FRB関係者は全体として、世界金融危機が起こってからも、その深刻さがよく理解できなかった。

もっとも、経済予測は基本的に当たらないものである。筆者が問題とするのは予測を外したことよりも、外した理由である。

バーナンキに限らず、FRBの集団思考は次のようなものである。

そもそも、アメリカの大恐慌も日本の長期停滞も、その原因はバブル崩壊ではなく、デフレである。しかし、FRBはその金融政策によってデフレを回避できる。しかも、アメリカの住宅バブル自体、大きなものではないし、サブプライム住宅ローン市場は、住宅ローン市場の周辺的な市場である。

加えて金融の技術革新はリスク分散を進めている。例えば、今では証券の破綻を保険にしたクレジット・デフォルト・スワップ(CDS)も作られている。サブプライム住宅ローン関連証券が危険であると考えた投資家たちは、CDSを購入すればよい。もし証券が破綻しても、投資家はCDSによって損失は保証されている。

グリーンスパン(二〇〇七、下、一六〇―一六一頁)は、二〇〇七年に出版した『自伝』の中で、CDSによって損失が広く分散されるようになったため、かつてのような債務不履行の連鎖は生じないと、断言していた（この時期は住宅バブルが崩壊し、サブプライム金融危機が顕在化しつつある時期であった）。

問題は、この集団思考は、些末な部分では正しいところもあるが、根本的に間違っていたことにある。ＦＲＢは確かにデフレを回避した。しかし、それが金融不安定性を回避するためには不十分であったことは、今ではバーナンキも認めている（Bernanke, 2011）。

二〇〇〇年代前半の住宅バブルは、一九二〇年代のアメリカや八〇年代後半の日本のバブルとは比べることができないほど小さいことも、サブプライム市場が周辺的な市場であることも確かである。しかし、金融の技術革新が小さな市場のショックを拡大させ、世界的な危機を引き起こした。

危機を拡大させるのに大きな役割をはたしたものの一つがＣＤＳである。保証の対象になる証券を保有していない投資家でも、ＣＤＳを購入することができる。証券が破綻した時に、こうした投資家は保険金を受け取り、多額の利益を得ることができる。〇八年の金融危機の中で、一部の投資家は、サブプライム住宅ローン関連証券のＣＤＳを購入することによって、莫大な利益をあげていた。しかし、保険金を払う金融機関に資金がなければ、破綻する。実際、世界最大の生命保険会社ＡＩＧ（アメリカン・インターナショナル・グループ）が破綻したのはそのためである。

しかし、アメリカの政策当局はこうしたことがよく分からなかった。

政治的センスは一流

金融危機後、住宅バブルの原因はFRB元議長グリーンスパンの過剰な金融緩和と金融の規制緩和にあるという批判が広がった。バーナンキに対する批判もある。しかし、グリーンスパンもバーナンキも、金融緩和がバブルを引き起こしたことを認めていない。代わりに、世界的な貯蓄過剰(とウォール街の過剰な投機)にその責任を帰した。

それは次のような理屈である。貯蓄過剰とはその国が稼ぐ所得よりも支出が小さいということである。差額の資金があまることになる。このあまった資金がアメリカや一部のヨーロッパに流入し、住宅バブルを生み出したのである。貯蓄が過剰な国とは、日本、中国などの東アジア諸国や、ロシア、サウジアラビアなどの産油国、ドイツである。責任を外国に押しつけることによって、自らの責任を回避しているのである。

世界的貯蓄過剰説を筆者は間違いだと考えているが、それは前著(服部、二〇一三、一二一―一三三頁参照)で書いたので繰り返さない。ここでは一点だけ指摘しておきたい。

日本の金融機関の中にも、例えば、リーマン・ブラザーズの社債を購入していたところがあった。金融の国際化が進んだ現在、日本や中国が全く無関係ということはあり得ないであろう。しかし、アメリカの金融危機で破綻したのは、アメリカ(とヨーロッパ)の金融機関であって、日本、中国の金融機関ではない。このことはアメリカの住宅バブルと金融危機が基本的にはアメリカの問題であることを示している。自国の問題を無視して、外国に責任を押しつけるのは間違いであり、無責任である。

また、人間の知力ではできないことも多い。だから、失敗を起こした時に、それは予期できなかったと主張するのも有効である。今の日本人には東日本大震災に喩えるのが分かりやすいと思う。三・一一の原発事故の時、「想定外」という言葉が関係者から多発された。人知を超える自然災害は誰の責任でもないのである。

二〇〇八年の危機では、アメリカの政策当局は「想定外」という言葉を使っていない。しかし、グリーンスパンは〇八年の危機を一〇〇年に一度の信用津波(クレジット・ツナミ)と呼んでいた。津波が起きたのは誰の責任でもないように、金融危機が起きたのも、グリーンスパンやFRBの責任ではないということである。

金融危機は、従来のマクロ経済学と金融理論に対する批判も広げることになった。クルーグマン(彼はアメリカを代表する経済学者の一人であり、ノーベル経済学賞受賞者でもある)が、過去三〇年間のマクロ経済学の大部分は「最高では華々しく役立たなく、最低では全く有害である」と述べたことは有名である。

具体的な批判の対象は合理的期待仮説と効率的市場仮説である。両者は合理的な個人を想定することによって、バブルとバブルの中で広がる返済不能な負債の存在を事実上否定している。けれども、ルーカス(Lucas, 2009)はこうした批判に反論する。これらの仮説は、人々が現在の情報によって未来を合理的に予測し、行動するということを意味しているにすぎないのである。

こうした反論も大津波に喩えるのが理解しやすいであろう。一〇〇〇年に一度の大津波は、大津波が起こらないことを意味するのではなく、一〇〇〇年に一度起こることを意味する。ただし、いつ起こるかは地震学者にも分からない。だから、予期せぬ大津波が起こることは、地震学の敗北ではないように、金融危機が起きることは、経済学の敗北ではないのである。

逆に今回の金融危機が大恐慌のような事態を引き起こすのを防いだのは、バーナンキの政策が優れていたためであるとルーカスは論じた。こうして失敗が成功に置き換えられる。自らの責任を回避する能力にかけて、彼らは一流といえる。

確かに自然現象である津波が起きたことは人間の責任ではないかもしれない。しかし、津波の被害を少なくすることは、人間の努力でできる。しかも、金融危機は一〇〇％人災である。さらに、主流派の経済学者たちが危機を理解できなかったからといって、危機を理解することは人知の及ぶところではないと主張するのは、傲慢であるだけでなく、無責任である。それどころか、これが事実に反することは、危機を警告していた経済学者が存在したという事実が示している。我々が現在すべきことは彼らの英知に学ぶことであろう。

5　別の「物語」

サブプライム金融危機の「物語」

人間の社会では、むき出しの暴力だけが「力」ではない。特に現在の民主主義国ではむき出しの暴力は抑制されている。そこでは、理性に基づいた討論が国の行く末を決めることが原則とされている(もっとも、この原則がどれだけ事実と合致しているかは、疑問があろう)。したがって、自分に有利な「物語」を作ることは、権力(ここでは経済学者の集団の中での地位というようなものも含んだ、広い意味で使っている)を握る手段ともなり、自己の権力を正当化する手段ともなる。

サブプライム金融危機について、すでに大量の文献が生み出されているし、これからもっと大量の文献が生み出されるであろう。筆者もすでに三冊を出版した。しかし、細かな議論を横に置くと、その結論は自由な金融市場はバブルを作り出しやすい、だから、金融市場は規制しなければならないということにつきるといえるであろう。

こうしたことは、以前から分かっていたことである。危機後、注目を浴びている経済学者にミンスキーがいる。彼の本(ミンスキー、一九八八、一九八九)を読むとこうしたことは書いてある。歴史的に考えても、二〇〇八年の危機は、一九三〇年代のアメリカ大恐慌や、九〇年代の日本で起きたこととの繰り返しである。しかし、多くの経済学者はアメリカと世界の危機に気づかなかった。

ロドリック(二〇一四、二〇頁)は、「本質的な問題は、経済学者が市場原理主義の高尚な伝道者ではなく、一般の人々と同じように偏った思考方法を持っているところにある」と指摘する。例えば、「経済学者は、自分たちへの反対意見を、無知や自己利益のせいだと考えて、置かれた状況を全く違った仕方でとらえているとは考えない傾向にある」(これは彼があげる例の一つにすぎない)。

「現実をみろ」というのはやさしいが、すべての現実をみることはできないので、実際には我々は現実を取捨選択している。経済学者が現実を選択する基準として使っているのが経済理論である。そして、自分の持っている理論にあう現実を取り上げ、あわない現実は捨て去る。あるいは同じ現実をみても、理論にあうように現実を解釈する。

もっとも、これは事実を指摘しているのであり、それ自体を非難しているわけではない。実際、経済学者にすぎない筆者が本書で行っていることは、これである。しかし、理論が間違っていた場合には、現実から遊離した「物語」が作られていく。

先述したように、バーナンキは経済学者であるだけでなく、三〇年代の大恐慌の研究家でもあった。一見すると、その彼が大恐慌以来最悪の世界的危機が起こることが理解できなかったことは不思議にみえる。けれども、経済学者も「一般の人々と同じように偏った思考方法を持っている」。バーナンキは、専門家にもかかわらず危機が理解できなかったのではなく、専門家だからこそ理解できなかったのである。

バーナンキの理論にしたがえば、アメリカにおいて、世界大恐慌のような危機が起こるはずがない。もし、起きれば、バーナンキの権威が失墜することになる。それは人間として耐え難いであろう。ある時点で危険性に気づいたとしても、それを公言すれば、過去の主張との矛盾が問題となるかもしれない。過ちに気づいて改めることは、かえって大恐慌研究家として築き上げた世界的権威と、ＦＲＢ議長という地位を脅かすかもしれない。

彼にとって幸いなことに、同義反復であるが、「〇八年九月までは、〇八年九月の世界金融崩壊は起きなかった」。だから、〇八年八月末までは、危機が起きないという「物語」を語ることができるし、実際にもそうしていた。

けれども、我々が忘れてはならないことは、バーナンキを始めとしたFRB関係者とは異なる「物語」を語る者もいたことである。

〇三年のアメリカのカンザス・シティ連邦準備銀行主催のシンポジウムでは、国際決済銀行(BIS)の経済学者ボリオとホワイトが報告した(ただし、ホワイトは現在OECDに移っている)。彼らはアメリカと世界のバブルと信用拡大の危険性を訴えた。〇五年には、当時は国際通貨基金(IMF)の経済学者で、現在はインドの中央銀行総裁となっているラジャンが報告した。一般的な思い込みとは反対に、証券化はリスクを軽減していない。逆にリスクは高まっていることを、彼は指摘した。彼らは別の「物語」を語ることによって、危機後、危機の予言者として、その名声を高めた。

ところが、彼らの「物語」は、FRBの優れた金融政策という「物語」、アメリカの優れた金融市場の効率性という「物語」を真っ向から否定するものだった。そのため、FRB関係者たちは彼らの「物語」に激しく反発し、否定した。彼らは「自分たちへの反対意見を、無知や自己利益のせいだと考えて、置かれた状況を全く違った仕方でとらえているとは考えな」かったのだった。

異次元緩和が成功したという証拠はない

現在、政府・日銀は新たな「物語」を作ろうとしている。長らく停滞していた日本経済が、異次元緩和によって、復活を遂げているという「物語」である。

それに対して、本章が明らかにしたのは、以下の事実とそれに基づいた「物語」である。

1　異次元緩和が始まると、経済成長率は低迷した。しかも、低い成長率を支えるのは、政府支出と消費増税による駆け込み需要である。異次元緩和が日本経済を復活させているという証拠はない。

2　消費者物価の上昇も、輸入インフレによるところが大きい。円安の停止により輸入インフレが止まれば、消費者物価の上昇も止まる可能性が高い。実際、二〇一三年末より消費者物価は上昇していない(一四年四月の消費増税による物価上昇は除く)。

3　そもそも、アベノミクスの前の日本経済は全体的に世界同時不況から回復してきていた。

4　アメリカやヨーロッパとの比較においても、日本のほうが経済回復のペースは速い。就業率についても、日本は危機前のピークをすでに超えているのに対して、アメリカでは〇八年の危機で急低下したまま、ほとんど回復していない。アメリカで成功しているとはいえない政策を日本で行って、日本経済が復活する保証はない。

これらの事実とそれに基づいた分析結果は、リフレ派の戦略の有効性に疑問を投げかけるものであろう。それにもかかわらず、政府・日銀から語られる物語は、「日本経済は緩やかに回復しつつあり」、「消費増税による落ち込みは一時的」というものである。彼らもまた「自分たちへの反対意見を、無知や自己利益のせいだと考えて、置かれた状況を全く違った仕方でとらえているとは考えない」。

もっとも、〇八年九月のバーナンキとは異なって、異次元緩和に勝算があるのは、異次元緩和が行われなくても、運がよければ、日本経済は時間がたてば回復するからである。アベノミクス以前の日本経済が、全体として回復傾向にあったことは、先述した通りである。現在の日本でも別の「物語」が必要なのである。

第2章　異次元緩和を支える経済学

1　中央銀行と金融政策

貨幣供給の過程

中央銀行の重要な仕事の一つがお札を発行することである。しかし、日銀は印刷したお札をただで配っているわけではない。

日銀が直接取り引きしているのは、銀行などの金融機関である。そのために、金融機関は日銀に当座預金口座を開設している。日銀当座預金の機能は二つである。

一つの機能は銀行預金に対する保証金である。銀行業は預金者から借り入れた預金を企業などに貸し出して、利ざやを稼ぐことによって、成立する。けれども、銀行がほとんどすべての預金を貸し出してしまうと、預金者がいざ預金を引き出そうとした時に、銀行は支払いに応じることができなくなるであろう。そういう事態が生じないようにするために、銀行は預金の一定割合以上のお金を強制的に日銀当座預金として積み立てることが義務づけられている。

もう一つの機能が銀行間の決済機能である。決済機能も銀行業の役割である。例えば、公共料金の支払いでも、預金口座からの引き落としが今では当たり前になっている。銀行の中にあるお金を動かさなくても、例えば、支払元の預金口座から一万円を引き、同額を支払先の預金口座に加えることによって、一万円を支払ったことになるのである。

けれども、両者が同一の銀行に預金口座を持っていない場合には、銀行間で決済をする必要がある。この銀行間の決済を行う場所が日銀当座預金口座である。支払元の銀行の日銀当座預金口座から一万円を引き、同額を支払先の口座に加えることによって、銀行間の決済がなされたことになる。

日銀が銀行に資金を供給するルートは基本的に二通りである。一つが国債などの証券を購入するルートである。日銀が国債を購入すると、その代金として資金が供給される。この場合、銀行が保有する日銀当座預金は増加するが、それと同額の国債が減少する。銀行の資産の中身が変わるが、総額は変わらない。国債以外の証券を購入しても、資金が供給されることには違いがない。しかし、日本でもアメリカでも、国債は最も安全な証券とされ、市場も整備されて

頭取

銀行の役職名が思い浮かぶが、意外と古い語。もとは「音頭を取る人」の意味で、雅楽や能・歌舞伎の主だった奏者を指した。そこから、芝居や相撲の興行を統轄する人など、「かしらだつ人」を意味する語となる。銀行の取締役の首席を指す用法は明治以降のものだが、最近は「頭取」ではなく「社長」の呼称が増えているという。

いる。そのため、国債を購入するのが普通である。

もう一つのルートが銀行への貸出である。借りた銀行の日銀当座預金は増加するが、それと同額の借金を日銀に対して背負うことになる。今では日本でもアメリカでも資金供給のルートは基本的に国債購入が中心となっている。

現在、経済統計上の貨幣とされるもの（マネーストックという）は現金と預金である。けれども、金融機関と中央政府の保有する現金や預金はマネーストックには含まれないので、日銀が供給した資金が金融機関に留まっている限り、マネーストックは増加しない。

通常、日銀当座預金には利子がつかない。そのため、余分な日銀当座預金があれば、銀行は利子を稼ぐために、引き出して、企業などに貸し出すであろう。すると、企業の預金口座に資金が振り込まれる。場合によって、銀行は国債を購入するかもしれない。国債を発行することによって、資金を得た政府が企業から物品を購入すると、企業の手に貨幣が渡る。ここで初めて市中に貨幣が供給されたことになる。

金利の低下と貸出の増加

銀行の中には一時的に資金が不足しているものもあろう。逆に一時的に資金があまっているものもあろう。そこで、銀行間で短期的な資金を貸し借りするインターバンク市場が作られている。このインターバンク市場における金利がコールレートである(アメリカではフェデラル・ファンド・レートという)。日銀が金融政策の手段として用いているのが、無担保・翌日返済物のコールレートである。

日銀が大量に国債を購入すると、お金があまる銀行が増加する。インターバンク市場において、貸出が増加し、コールレートが低下する。逆に日銀が大量に国債を売却すると、お金の不足する銀行が増加し、コールレートが上昇する。

ただし、コールレートは様々な利子率の一つでしかない。設備投資を行おうと考える企業や、住宅を購入しようと考えている家計が借りる利子率や、家計が銀行に預金した時の利子率のほうが、我々の経済にとって重要であろう。

しかし、コールレートが低ければ、銀行は貸出金利を引き下げても、利ざやを稼ぐことが可能である。そのため、コールレートが下がれば、銀行の貸出金利も下がる。またコールレートが低ければ、銀行は高い金利を払って預金を集める必要はない。そこで、預金金利も下がる。

企業が借りる長期資金の金利が下がると、企業の借金の利子負担が低下する。そこで、企業は、借金をして事業を拡大させるであろう。こうして、金融緩和は経済を活発化させるとされる。実際には、企業の利益は景気の波により大きく変動する。他方、利子率の変動はわずかである。そのため、設備投資に対する影響は企業の利益が決定的で、利子率の影響はそれほど大きくない。

利子率の影響が比較的大きいのが、住宅投資である。特にアメリカの場合、景気の波は住宅投資と自動車によって決まるといわれている。いずれも購入の際にローンを組むのが普通である。利子率を引き下げ、住宅投資と自動車購入を増加させることによって、景気を回復させるということが、アメリカでは金融緩和の波及経路として重要なものとなっている。

二〇〇〇年代前半のアメリカの住宅バブルを受けて、金融政策の重要な波及経路として注目されているのが、リスクテイク・チャンネルである。

銀行が貸し出すかどうかについては、利子以外の要素も重要である。住宅ローンを組む際にも銀行は審査を行っているし、住宅を担保にとる。しかも、日本でもアメリカでも一般的には、住宅の担保価値は住宅の価値の八割が限度とされる。逆に考えると、二割の頭金を用意できない人は、高い利子を支払う用意があっても、ローンを組むことができないということである。

しかし、金融緩和によって潤沢に資金が供給されると、安全な人だけを対象にしていると、貸出先が不足する。そのため、資金の貸出先を広げるために、金融機関は審査の基準を緩め、普段は借りられない危険な借り手にも、比較的低い金利で資金を貸し出そうとする。

ちなみに二〇〇〇年代前半のアメリカの住宅バブルの中で、アメリカの金融機関は本当は住宅ローンを返済できない人に貸し出していた。バブルの中で住宅価格が上昇しているので、普通ならば住宅ローンが返済できない人であっても、価格が上昇した住宅を売却すれば、利子も含めてローンは回収できると信じていたからである。

さらに、住宅価格以上にローンを貸し出すということも行われた。貸した時には、ローンの金額のほうが大きくても、住宅価格が上昇しているので、近い将来、住宅価格のほうが大きくなると信じていたからである。

住宅バブルによって破綻率が下がったため、貸し手の金融機関はバブルの中でリスクが低下したと信じていた。しかし、危険な借り手にも貸出を拡大させたことによって、本当は金融機関はリスクを高めていた。そして、バブルが崩壊すると、金融機関は破綻したのである。

このようなメカニズムは、一九八〇年代後半の日本のバブル期にも生じたものである。

資産価格の上昇

今、投資家が一〇〇〇万円で株を購入すると、一年後に一〇〇万円の利益を得ることができると考えているとしよう。利益がでると思っていても、投資家に自己資金がないとするならば、資金を借りなければならない。借りた資金の利子率が低くなれば、予想が外れて損失を被っても、その損失は小さくてすむ。予想通り利益がでた時には、手元に残る部分が大きくなる。そのため、利子率が低下すれば、借金をして株を購入しようと考える投資家が増加するであろう。実は投資家が自己資金で投資を行おうとする場合でも、同じメカニズムが働く。利子率が低くなれば、わずかな利子を目当てに銀行に預金するよりも、株を購入したほうが相対的に有利となるからである。

こうして、利子率が低下すると、株を購入する投資家が増加し、株価が上昇することになる。今、株の場合を例にあげて説明したが、住宅のような実物資産でも同様のメカニズムが働く。資産価格の増加によって、豊かになったと感じた家計は、消費を拡大させるであろう。もっとも、消費を拡大させるためには、お金が必要である。しかし、アメリカの場合には、ホーム・エクイティ・ローンも発達している。家計は住宅を担保にして、ローンを借りて、それを消費に当てることも可能となっている。

資産価格の上昇は、企業にとっても、借入の際の担保価値の上昇を意味する。だから、資金を借りて設備投資をするのが容易となる。また、企業の株価が上昇している時には、株式発行によって資金を集めるのも容易となる。

外貨もまた資産の一つである。金融緩和によって、日本の金利が低下すると、外貨預金や外国の国債を購入することが相対的に有利となる。すると、為替レートが円安の方向に進む。円安が進行すると、日本の輸出が増加する。あるいは数量が同じでも、円建ての価格が上昇する分だけ、輸出企業の利益は増加する。逆に輸入品の価格も上昇する。輸入品の価格上昇の一部は最終消費財の価格へと転嫁されるであろう。こうして輸入インフレが促進される。

先述したリスクテイク・チャンネルは証券購入にも作用する。金融緩和によって、金融機関には潤沢な資金が供給される。すると、安全な金融資産に投資するだけでは、潤沢な資金を消化できなくなるかもしれない。そこで、金融機関がリスクの高い企業の社債や株式を購入するようになる。こうしてリスクの高い事業が拡大することになる。

流動性の罠

利子率の引き下げ政策が有効であることについては、経済学者の間で異論はない。けれども、利子率にはゼロ下限がある。中央銀行は金利がゼロになれば、それ以下に引き下げることができなくなる。長期金利や、破綻の可能性の高い証券や貸出の金利の下限は、ゼロよりも高くなるであろう。

現在、議論になっているのは金利の下限に達した時に、金融緩和に効果があるかどうかである。ケインズ(一九八三、二〇二—二〇五頁)は長期金利にはプラスの下限があり、この下限においては金融政策は機能しなくなると考えた。こうした状態を流動性の罠という。

危険な会社の発行する社債の金利は、国債よりも高くなる。特に金融危機時には、投資家たちが安全性を重視するので、国債のような安全な証券の金利は低下するが、危険な会社の社債の金利は必ずしも十分に低下しない。こうした時、社債よりもさらに危険な株式を購入しようとする投資家は少なくなるであろう。

しかも、利子率が低下し、株価が上昇したとしても、それが設備投資に結びつくとは限らない。市場が整備された株式の場合には、投資に失敗しても、市場で売却し、少なくとも損失の一部を回収可能である。しかし、設備投資の場合には、失敗しても売却することが困難である。設備投資のほうが遥かに失敗した時の危険が高い。そのため、利子率が低くても、危険な設備投資に企業が乗り出すとは限らないのである。

特に企業に十分な自己資金がない場合には、設備投資を行うためには、借金をしなければならない。しかし、失敗して借金が返済できなくなると、企業は破綻する。破綻の危険が高いと判断した企業は利子率が低くなっても、資金を借りて投資を行おうとはしないであろう。借り手の企業が高い金利を支払う意思があっても、貸し手の金融機関が本当に危険な企業だと判断するならば、資金を貸そうとはしないであろう。

このような場合には、基準となる利子率がゼロとなっても、投資は増加しない。

2　マクロ経済学と金融政策の歴史

ケインズの有効需要論

現代的なマクロ経済学は、ケインズから始まる。ケインズは一国経済のGDPは支出によって決まると考えた。

誰かが所得を稼ぐということは、その元となる支出を誰かが行っているはずである。支出の主体は民間部門と政府であり、支出の中身は消費と投資である。また外国への輸出も一国内の所得を作り出す。逆に外国からの輸入は、外国の所得を作り出しているので、その分は一国内の所得から差し引かれなければならない。したがって、GDPは

GDP＝民間消費＋民間投資＋政府消費＋政府投資＋輸出－輸入　（1）

となる。

先述したように、利子率が低下すると、設備投資、住宅投資が拡大するであろう。また資産効果を通じて、消費も拡大するであろう。さらに、円安を通じて、輸出が拡大し、輸入が縮小する。

ケインズは乗数効果にも注目した。つまり、民間投資の増加は、消費の増加を作り出し、さらなる所得を生み出すのである。民間投資が一〇〇増加したとしよう。すると、家計の所得も一〇〇増加する(単純化のために企業の利益はすべて家計に分配されるとする)。このうち、二〇は税金として政府に納められ、残りの八〇のうち、二〇だけ家計は貯蓄したとする。すると、消費の増加は六〇となる。そのうち、一〇は外国からの輸入だとしよう。

つまり、六〇の消費増加が、新たに五〇の所得を作り出すことになる。五〇の所得増加は、同じ過程を通じて、三〇の消費増加、二五の所得増加を作り出すであろう。こうした過程が繰り返されると、

一〇〇＋五〇＋二五＋一二・五＋……＝二〇〇

となり、最終的には、二〇〇だけの所得の増加が生じることになる。

生産物がより多く売れるようになると、企業は既存の設備を拡張する必要がでてくる。企業の利益も増加するので、設備投資のための資金にも困らなくなろう。このようにして最初の設備投資の増加はさらなる設備投資の増加を生み出すであろう。

こうして最初の投資増加はその何倍かの所得を作り出すのである。

総需要と総供給

一国経済の生産物は実際には様々なものからなる。これを一つの生産物であるかのように考え、統合すると、総需要と総供給の図を書くことができる。図２－１はそれを示したものである。

初めに総需要曲線がD、総供給曲線がSだったとする。交点はAとなる。金融政策によって、総需要曲線をD_1にシフトさせると、交点はBとなる。生産量が増加し、失業率が低下する。しかし、同時に物価も上昇する。

一九七〇年代までのマクロ経済学の主流だったケインズ派は、インフレよりも失業を重視した。彼らは多少のインフレを無視しても、金融を緩和して、失業率を低めたほうがよいと考えていた。

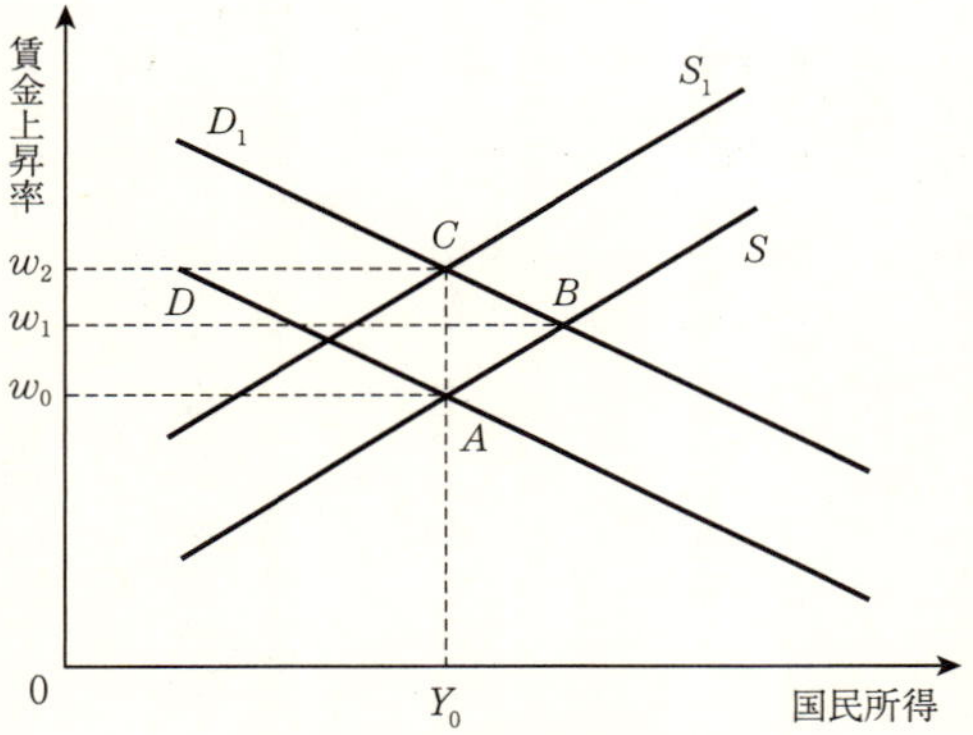

図 2-1　総需要と総供給の図

ところが、七〇年代のスタグフレーションによって、旧来のケインズ派はその影響力を失う。代わりに影響力を強めたのは反ケインズ派のフリードマンである。彼はスタグフレーションの原因は、失業率を低めようとするケインズ派の政策にあると論じた。

経済がA点からB点へと移動する時、物価は上昇しているが、労働者はそのことに直ちには気づかない。しかし、時間がたつにしたがい、彼らも物価の上昇によって、賃金が目減りしていることに気づく。彼らが賃金上昇を要求し、実現すると、総供給曲線はS_1へと上昇し、交点はCとなる。

フリードマンによると、金融緩和が生産量を拡大させるということは、短期の話である。市場の自動調整メカニズムによって、長期の生産量は図のY_0の水準となる。Y_0の水準は供給サイドの要因によって決まるので、金融政策によって変化させることはできない。金融政策が長期的に影響を与えることができるのは物価である。

こうしたフリードマンの考え方は現在のニュー・ケインジアンに受け継がれた(ケインジアンと名づけられているが、ニュー・ケインジアンはこの点では反ケインズのフリードマンの後継者である)。こうして、現在の主流の金融政策のフレームワークでは、金融政策の第一の目標は物価安定だとされる。

物価安定を重視する金融政策

現在の金融政策のフレームワークの代表的なものが、インフレ・ターゲットである。それは中央銀行が二年程度の期間のインフレ目標を設定し、それを実現するように、金融政策を行うというものである。一九九七年に改正された日本銀行法でも、物価の安定が日銀の目標であることが明記された。

このインフレ・ターゲット論者の代表ともいえる存在がＦＲＢ前議長のバーナンキであった。もっとも、彼は物価安定がすべてだと考えているわけではない。物価安定という目標を損なわない限り、金融を緩和して、失業率を引き下げるという政策は容認される。こうしたフレームワークを柔軟なインフレ・ターゲットという。ＦＲＢ自身、他国と異なって物価安定だけでなく、持続可能な雇用の最大化も目標であることを法律で明記している。

さて、物価とは様々な物の価格を、ウェイトづけして指数化したものである。何を含めるかによって、様々な物価指数を作成できる。現在、中央銀行が参考としている物価は消費者物価指数である。しかし、食料やエネルギーの価格変動は大きい。そこで、日本では生鮮食品を除外したコア指数や、食料(酒類を除く)とエネルギーを除外したコアコア指数も作られている。ＦＲＢも実際に政策運営の参考にしているのは、食料とエネルギーを除外した指数である。

また物価安定とは消費者物価上昇率をゼロにするということではない。現在のコンセンサスでは、望ましいインフレ率は二％、あるいは一％から三％とされている。消費者物価が目標値よりも低くなれば、金利を引き下げなければならない。しかし、金利はゼロよりも下げられないので、目標とするインフレ率が低く、金利も初めから低ければ、いざという時に金利が引き下げられない。さらに、消費者物価には一％程度の上方バイアスがあるといわれている。

さて、消費者物価指数には株や土地などの資産価格は反映されない。したがって、八〇年代後半の日本や、二〇〇〇年代前半のアメリカのように、バブルが生じ、資産価格が高騰しても、消費者物価上昇率は上昇せず、インフレではないということもあり得る。

現在の日銀は一五年四月頃を目処に、消費者物価上昇率を二％程度に引き上げることを目標としている（ただし、消費増税の効果は省く）。一三年四月に日銀が発表した『展望レポート』では、日銀の政策委員による一五年度の（消費増税の効果を省いた）消費者物価（コア指数）上昇率の見通しの中央値は、一・九％となっている。

経済予測の専門家が集まって、日本経済の将来を予測する「ＥＳＰフォーキャスト調査」というものがある。一四年五月の調査では四二人中、黒田＝岩田日銀の目標が達成できると答えた者が二名、できないと答えた者が三二名、どちらともいえないと答えた者が七名であった。日銀関係者とは違い、民間の専門家は（筆者と同じく）厳しい見方をしているのである。

「街灯の下で鍵を探す」

インフレ・ターゲット論のチャンピオンであるバーナンキも、インフレ・ターゲット論は柔軟なものであり、雇用を無視するものではないと述べる。ＦＲＢもその目標は物価安定と同時に雇用の最大化である。しかし、図２－１が示すような理論的フレームワークを受け入れる限り、究極的には物価が安定すれば、雇用もまた安定することになる。実際にも、二〇〇八年の危機の前、バーナンキ(Bernanke, 2004)は物価を安定化させた金融政策の下で、アメリカには大きな景気変動は起こらないと論じていたことは先述した。

しかし、サブプライム・バブルの終焉とともに大緩和時代は終わる。よく考えてみれば、物価とはマクロ経済の数多い変数の一つにすぎない。金融政策が物価を安定化させるとマクロ経済も安定化するという理論的フレームワークは単純すぎた。

もっとも、現実を単純化していない理論は存在しない。それでも、理論が必要なのは、正しい方向に単純化することによって、我々は現実を明確に理解できるようになるからである。しかし、誤った方向に単純化されると、我々の認識は歪む。その意味で理論は諸刃の剣ともいえる。現実の経済の状況は多様であるから、何をどう単純化するかはその状況によって変わる。そこで試されるのは経済的センスである。

振り返ってみれば、二〇〇〇年代のアメリカ経済の回復は住宅バブルとバブルが可能にした負債の蓄積によってなされたものである。ところが、〇四年のバーナンキの講演ではバブルもバブルが可能にした負債の蓄積も登場しない。逆にバーナンキを始めとしたＦＲＢ関係者たちは、住宅バブルも家計の過剰な負債も、その存在を否定していた。決定的な誤りはここにある。

住宅バブルとその崩壊を、図２－２を使って説明すると、次のようになる。住宅バブルが生

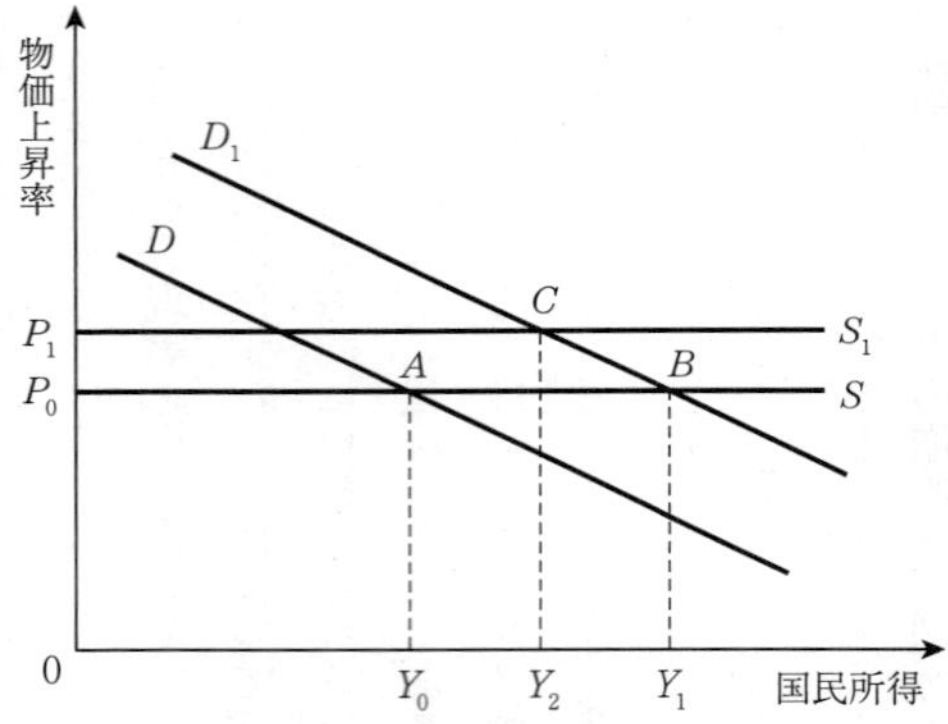

図 2-2　水平な総供給曲線

じると、総需要曲線Dが右側にシフトし、D_1となる。

さて、雇用が拡大した時に、どれだけ賃金率が上昇するかはその時代、その国の状況に関わる部分が大きいであろう。極端な場合として、雇用が拡大しても、賃金が上昇しない場合もあろう。生産量が増加しても賃金コストが増加しない時には、総供給曲線Sは水平となり、しかもシフトしない。その結果、需要の拡大は生産量を拡大させるが、インフレは加速しない。

バブル崩壊時には逆の過程が生じる。すなわち、需要の縮小は生産量を減少させるが、価格は変化しない。

金融政策だけでなく、財政政策も需要に影響を与えるであろう。アベノミクスの場合には政府支出と消費増税前の駆け込み需要によって、需要が増加した。総需要曲線Dが右側にシフトし、D_1となったのである。同時に円安による輸入インフレが生じ、総供給曲線もSからS_1へと上昇した。この場合には、価格上昇と需要増加が両立する。しかし、名目賃金が上昇しないため、実質賃金は低下することになる。

日本とは逆に、ヨーロッパの多くの国は緊縮財政によって需要を削減させている。この場合には、D_1からDへと総需要曲線が逆にシフトする。

経済学の非現実性を揶揄するわりと知られたジョークがある。


ある夜、街灯の下で、何かを探している人がいた。通りかかった人が尋ねた。

「何か探しているのですか」

「落とした鍵を探しているのです」

「このあたりで落としたのですか」

「落としたのはもっと向こうのほうです」

「それでは、なぜこのあたりを探しているのですか」

「このあたりは街灯の下で明るいからです。向こうは街灯がなくて暗いのです」


正しい金融政策がデフレを解決すれば、マクロ経済も安定化するという単純化された理論がある。すると、すべてのマクロ経済の問題はこの理論にしたがって、解かれなければならない。

こうして誤った方向に単純化された理論が現実認識を歪めることになる。

バーナンキは二〇〇〇年代のアメリカ経済の括弧つきの「回復」を支えたのが、住宅バブルとバブルの中で広がる返済不可能な負債の拡大だったということが理解できなかった。現在、黒田総裁も岩田副総裁も低いプラスの経済成長を支えるものが政府支出と消費増税前の駆け込み需要であることが理解できていない。消費者物価の上昇が輸入インフレによるものであることも理解できていない。

3　金融危機と最後の貸し手機能

最後の貸し手機能

中央銀行は銀行の銀行でもある。信用秩序の維持も日銀の役割である。

先述したように、すべての預金者が一斉に預金を引き出そうとする時には、利益をあげている銀行でもそれに応じることはできない。もっとも、預金者が預金するのは、その預金が当面は不必要だと考えているからである。したがって、平時においては一斉に預金を引き出そうとするようなことはないであろう。

ただし、危機時には状況が異なる。一部の銀行の経営状況が悪化し、破綻が懸念されたとしよう。預金保険がない場合、銀行が破綻すると、預金者の預金の大部分が返済されないことになるであろう(全額返済されないこともあろう)。

金融危機時といえども、健全な銀行も存在する。こうした銀行からは預金を引き出す必要はないはずである。しかし、どの銀行が破綻しないのかを判断するのは難しい。そのため、わずかな利子を目当てに預金をするのは割にあわないと判断した預金者は、早めに預金を引き出そうとするであろう。そして、すべての預金者がこうした行動をとれば、健全な銀行もまた破綻してしまう。

これを防ぐのが中央銀行の最後の貸し手機能である。中央銀行は健全な銀行に資金を貸し出すことにより、銀行が預金者の支払いに応じられるようにするのである。この最後の貸し手機能を定式化したのが、一九世紀イギリスのバジョットである。彼はイングランド銀行は金融危機時には、適格な担保によって、高い利子率で、無制限に貸し出すべきだと、論じていた。

最後の貸し手機能はサブプライム金融危機の中でも発揮された。

通常の状況では、ＦＲＢが国債を購入することにより、ある金融機関に資金を供給すれば、その金融機関はインターバンク市場を通じて、資金が不足している銀行に資金を貸し出すであろう。しかし、金融危機時には、貸し出した資金が返済されない可能性があると考えた銀行は資金があまっていても貸し出そうとはしなくなる。こうしてインターバンク市場が機能しなくなるであろう。

そのため、ＦＲＢは資金不足に悩む銀行に直接資金を貸し出す必要がある。けれども、銀行への貸出は普段は行っていないために、ＦＲＢが資金を貸し出した銀行は、危ない銀行だという評判が広がってしまう。こうした状況を回避するために、ＦＲＢは入札形式で資金を貸し出した。またサブプライム金融危機では、ＦＲＢとは通常は取引をしていない商業銀行以外の金融機関も危機に陥った。そこで、ＦＲＢはこれらの金融機関にも資金を貸し出す仕組みを作った。

二〇〇八年三月、投資銀行(証券会社)ベアー・スターンズが破綻し、ＪＰモルガン・チェースに買収された。九月にはＡＩＧが破綻した。ＦＲＢは両社の破綻処理を進めるために、資金を貸し出している。

信用緩和政策

証券市場の発達により、現在では証券市場型の危機も重要になっている。例えば、一部のファンドが住宅ローン関連証券で損失をだしたとしよう。投資家がこのファンドを解約しようとすると、ファンドはそれに応じるために、保有する株などを売却することになろう。株が投げ売り価格で売却されると株価が暴落する。こうして住宅ローン関連証券の危機は株式市場の危機へと飛び火する。同時にファンドの損失も拡大する。このように証券市場の危機とファンドの破綻が広がることになる。

また、アメリカではレポ市場が発達している。レポ取引とは一定期間後に決められた価格で買い戻すことを条件として、証券を売却するという取引である。経済理論上、レポ取引は証券を担保に資金を借りることと同じになる(日本版のレポ取引は現金担保付債券貸借取引である)。

ファンドなどは証券の購入資金をレポ取引によって得ている。しかし、証券をいざ売却しようとした時、受け取った時の市場価格で売れるとは限らない。そのため、現在、一億円の価値のある証券であっても、例えば、九五〇〇万円までしか担保として認められないことになる。ここでの差額五〇〇万円と証券の価値一億円との比率五%をヘアカット率という。

サブプライム金融危機が生じると、国債や格付けがAAAの優良な証券であっても、ヘアカット率は上昇した。サブプライム関連証券の場合には、ヘアカット率が一〇〇%ということも生じていた。担保価値がゼロということである。しかも、危機の結果、住宅ローン関連証券は格下げされ、価格も暴落した。特にサブプライム関連証券で、格下げと価格暴落は著しい。こうして政府が保証する市場を除いて、証券化市場は機能しなくなった。

こうした状況に対応するために、最後の貸し手機能を証券市場に拡大する必要が生じた。FRBは二〇〇八年一二月から一回目の量的緩和政策を実施した（量的緩和政策については、九二―九三頁も参照）。しかし、当時のFRB議長バーナンキはこれを信用緩和政策と呼んでいた。

信用緩和政策の下で、FRBは不動産担保証券（MBS）の購入を急増させた。またアメリカにはファニーメイ、フレディマックという政府支援企業（GSE）がある。両社は中間層の住宅所有を促進するために作られた政府機関であった。その後、民営化されたが、設立の趣旨から様々の政府の支援を受け、両社が発行する社債には政府の暗黙の保証があるとみなされていた。実際にも、サブプライム金融危機の中で、両社は経営危機に陥り、政府によって救済された。信用緩和の下で、FRBは両社の社債も購入している。

FRBがMBSを購入したのは、証券を買い支えることによって、証券化市場の機能を回復させるためである。また、ファニーメイ、フレディマックの社債を購入したのも、両社を支援するためであった。このように信用緩和政策は証券市場を対象とした最後の貸し手機能といえる。

もっとも、国債の購入も、MBSなどの購入も、金融機関に代金が支払われることには違いがない。マネタリーベースが拡大する点では、信用緩和も量的緩和も同じである。

金融システムの安定化政策

しかし、金融システムの安定化政策には、最後の貸し手を含む四つの政策がある。

第一が金融規制である。これは金融システムの崩壊を作り出すような行為を金融機関がしないように、事前的に規制するというものである。

第二が先述した最後の貸し手機能である。しかし、中央銀行もまた銀行である。不良債権を抱えて、資金を返済できない金融機関に貸し出す、あるいは価値のない証券を高値で買い取るのは、本来は中央銀行の仕事ではない（実際には、金融危機の中で事態が刻々と悪化している状況では、不良債権がどれくらいあるのか、証券の本当の価値がいくらであるのかを判断するのは容易ではない）。バジョット・ルールも中央銀行が損失をださないように、適格な担保をとることになっている。

第三が預金保険制度である。金融機関の破綻が不良債権によって損失が拡大した結果であるならば、最後の貸し手によってその銀行を救うことはできない。しかし、銀行を破綻させると、預金者が損失を被り、それが他の銀行に対する取り付け騒ぎを招くおそれがある。そこで、預金を保護することによって、取り付け騒ぎの拡大を防いでいる。

なお、預金保険制度には通常は上限がある(日本の場合には一〇〇〇万円)。しかし、深刻な金融危機が起こった時には、この上限は取り払われる。実際にもサブプライム金融危機時には、欧米諸国は上限を取り払っている。アメリカの場合には、投資信託で、元本保証はないが、安全性が高く、預金と競合する金融商品のMMMF(マネー・マーケット・ミューチュアル・ファンド)も保護した。

第四が公的資金の注入による金融機関の救済である。銀行を破綻させた場合には、金融システムが崩壊するおそれが生じることもあろう。その場合には、政府は金融機関に公的資金を注入し、救済する。サブプライム金融危機時には、リーマン・ブラザーズを例外として、アメリカ政府は銀行以外のものも含め、大手金融機関をすべて救済した。ヨーロッパでも同様の措置をとった。それによって、欧米諸国は金融危機を一応は収束させた。

けれども、金融機関の救済は、政府が「盗人に追い銭を渡すようなものだ」という、それ自体は正しい批判が国民の間からわき起こる。そのため、日本でもアメリカでも、公的資金の注入は遅れ、それが危機を拡大させることになった。

中央銀行業務の財政政策化

中央銀行はリスクを背負わないのが原則である。融資対象となるのは安全な金融機関のみであり、購入対象となるのは安全な証券のみである。リスクを背負って、破綻する危険の高い金融機関に融資したり、破綻する可能性の高い証券を購入したりするのは、政策金融の仕事であり、これは財政政策に分類される。しかし、世の中には絶対安全というものはあり得ないから、リスクの問題は結局のところは程度の問題である。

今回の金融危機の中で、バーナンキは破綻したリーマン・ブラザーズへの融資は拒否した。その理由は適格な担保が存在しなかったからということである。他方で、同じように破綻したベアー・スターンズとAIGには、破綻処理のために融資している。

最近では中央銀行の説明責任も大事にされている。バーナンキも説明責任の重要性を指摘してきた経済学者の一人である。けれども、リーマン・ブラザーズだけがなぜ違う扱いを受けたのかについて、バーナンキが外部の人間に納得できる説明をしたとは、筆者にはとても思えない。

ＦＲＢは、ＭＢＳや消費者ローンなどの関連証券も購入している。こうした行為は政策金融の仕事であり、財政政策に属するという批判もある。

こうして二〇〇八年の金融危機では、改めて中央銀行業務と財政政策の境目が問われることになった。

4　非伝統的な金融政策

量的緩和政策

金融政策はコールレートの調整によってなされる。しかし、日本では一九九〇年代半ば以降、コールレートはほとんどゼロとなっている。そこで、ゼロ金利の下でいかにして金融を緩和させるのかが問題となった。その方法として考え出されたのが、量的緩和政策である。二〇〇八年の世界的な危機後、欧米もまた日本と同じ問題を抱えることとなった。その結果、欧米においても、量的緩和政策が広がった。

日本では〇一年三月から〇六年三月まで量的緩和政策が実施された。この時、政策目標として採用されたのが、日銀当座預金である。黒田＝岩田日銀の下で現在行われている量的・質的緩和政策では、マネタリーベースの倍増が計画されている。

両者の目標は形式的には違いがある。しかし、利子がつかない現金を、人々が保有するのは、物品を購入するためである。それを超えた余分な現金を人々は手元に置こうとはしない。現在では預金金利もほとんどゼロであるが、多額の現金を自宅に保有するのは物騒である。多くの人々は不要な現金を銀行に預けるであろう。預けられた銀行はそれを日銀当座預金として日銀にまた預ける。こうしてマネタリーベースの増加は、事実上、日銀当座預金の増加を意味する。日銀の計画でも、一四年末までに、日銀当座預金は一二八兆円も増加することになっている。他方、銀行券の増加はわずか三兆円である。しかも、経済の成長とともに、銀行券の保有も増加するから、三兆円の増加自体も異次元緩和の結果とは言い難い。量的緩和政策が中央銀行の当座預金を膨張させるだけだということは、〇一年三月以降の日本のそれも、バーナンキによる三回のそれも同様であった。

長期金利の低下

アメリカでも、二〇〇八年の金融危機後、量的緩和政策は三度導入された。ただし、アメリカではマネタリーベースや中央銀行の当座預金をターゲットとしてはいない。バーナンキが第一回の量的緩和政策を信用緩和政策と呼んでいることは、先述した。金融機関への貸出や、MBSなどの購入によって、金融システムを下支えしようとしたのである。他方、第二回と第三回において主として購入しているのは、長期国債である(第三回の場合にはMBSも購入している)。

短期金利はほぼゼロとなっても、長期金利はゼロとなっているわけではない。その場合、中央銀行が長期国債を購入することによって、長期金利を引き下げることが可能となろう(ただし、黒田＝岩田日銀は国債を一度に大量に購入しすぎて、一三年五月に長期金利の上昇を作り出している)。長期国債の金利が下がると、それに連動して、設備投資や住宅ローンの借入金利は下がるだろう。

実際、アメリカの量的緩和政策は長期金利を引き下げることによって、経済の回復に貢献したといわれている(岩田、二〇一三a、四六―四七頁参照)。けれども、この議論の問題点は長期金利が下限に達した時にどうするのかという話がないことである。日本の長期金利は、一三年三月末には〇・六％を切っていた。そして、その後に行われた異次元緩和は長期金利を必ずしも引き下げていない。

さらに金融市場は利子率だけでコントロールされているわけではない。危険な借り手、担保を提供できない借り手は、高い金利でも借りられない場合もしばしばある。そして、経済が悪化している時には、こうした借り手は急増する。

また借り手の状況も考える必要があろう。一九八〇年代後半のバブル期に日本の企業は土地を担保に借金を拡大させた。二〇〇〇年代前半のアメリカの家計も住宅ローンを借りて、住宅を購入していた。そのため、バブルが崩壊すると、日本の企業も、アメリカの家計も過大な借金を背負うこととなった。

多額の借金を背負う借り手は、金利が低くても、借金をさらに拡大して、支出を拡大させようとはしないであろう。借り手に借りる意思があっても、金融機関が融資を断るであろう。このような場合には、長期金利が下がったとしても、貸出は増加しないであろう。全くないというのは言い過ぎかもしれないが、ほとんどないことは確実であろう。

ポートフォリオ・リバランス効果

日銀の異次元緩和によって、銀行に日銀当座預金が蓄積される。すると、銀行は日銀当座預金を引き出して、貸出や証券購入のために使う。これがポートフォリオ・リバランス効果といわれるものである。二〇一四年三月の記者会見で黒田総裁は、貸出が増加していることから、

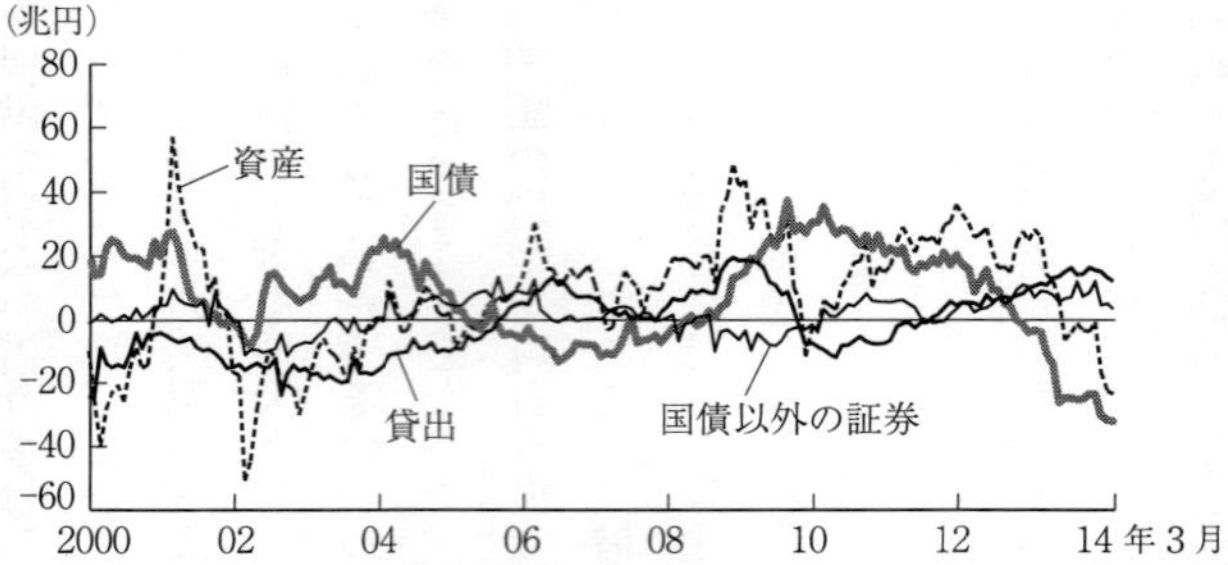

図2-3　全国銀行の貸出などの増加(2008年1月-14年3月)
資料：日銀ホームページ
注：前年同月差．資産は現金預け金を除く

ポートフォリオ・リバランス効果が一定程度働いているという。

図2-3は全国銀行の貸出などの増加(前年同月差)を示したものである。確かに異次元緩和後、貸出は増加している。しかし、貸出が増加に転じたのは、一一年半ばのことであり、その後、貸出の増加額は順調に大きくなっている。むしろ一三年末から貸出の増加額は小さくなり始めている。異次元緩和前からの傾向を、よい経済データは政策の結果だとみなすという政府・日銀の手法にしたがって、異次元緩和の成果とみなしているにすぎないといえる。

さて、日銀は〇一年三月から〇六年三月まで量的緩和政策を導入していた。一回目の量的緩和の時には、貸出は減少していた。もっとも、末期には貸出は増加に転じた。しかし、これを量的緩和政策の効果とみなし難いのは、量的緩和政策を終了した〇六年三月以降、世界的な金融危機まで、貸出の増加額が全体的に大きくなっていたからである。

他方、一三年一〇月の講演で、岩田副総裁は企業の資金が過剰な場合には、銀行の貸出は増加しないと論じている(岩田、二〇一三b)。けれども、金融機関が証券を購入することによって、ポートフォリオ・リバランス効果が作用するという。これは岩田の前からの持論である(岩田、二〇〇二参照)。

図には証券も示している。異次元緩和後、国債以外の証券保有の増加のペースが速まったという傾向はみられない。他方、銀行の国債保有は急減する。その理由は異次元緩和自身にある。日銀が銀行から国債を大量購入したために、銀行の国債保有が急減したのである。証券についても、ポートフォリオ・リバランス効果が生じたという証拠はない。

その結果、現金預け金以外の銀行資産は急減した。

〇一年三月からの量的緩和政策期においても、ほとんどの時期で、国債と現金預け金以外の銀行資産は減少していた。先述したように貸出は減少していたし、国債以外の証券保有も減少していた。ただし、大量発行された国債を、リスクを嫌った銀行が購入した結果、国債保有はむしろ増加していた。ポートフォリオ・リバランス効果が働いた可能性があるのは、国債だけである。

量的緩和政策期に、国債を除いてポートフォリオ・リバランス効果が生じなかったというのは、むしろ一般的な見解だった(例えば、内閣府編、二〇〇三、七八―八一頁)。バーナンキの量的緩和政策でも、信用創造は限定的であった(内閣府政策統括官室編、二〇一一、一三二頁)。

以上のように、ポートフォリオ・リバランス効果が異次元緩和の下で働いているという証拠はないし、それはかつての日米の量的緩和政策と同じといえる。

円安政策とソロス・チャート

異次元緩和政策の重要な目的の一つが円安による輸出回復であった。その理論的根拠とされたのが、ソロス・チャートである。ソロス・チャートとは、円ドル・レートは、日本とアメリカのマネタリーベースの比率によって決まっているというものである。ソロス・チャートはもともと理論的根拠が定かでない。時期によって、マネタリーベース比と為替レートの間に相関関係があったり、なかったりするなど実証面でも問題を抱えているために、批判は多い。

ただし、経験則として日米の二年物国債の金利格差が円ドル・レートを決定するということがいわれている。現在の為替市場を支配するのは金融取引である。アメリカの金利と比べて、日本の金利が相対的に低くなれば、日本の銀行に預金するよりも、ドル預金を行ったほうが有利となる。こうした人々が増加する結果、円安になるとされる。ただし、その基準となる金利が二年物であることの理由は経験則以上のものはない。

日銀がマネタリーベースを増加させれば、日本の二年物金利も下がるので、その意味ではソロス・チャートには理論的根拠はあるといえる。しかし、金利差があっても、小さければ、わずかな為替レートの変動によって、損失を被る危険性が高くなる。そのため、金利差が小さなところでは、為替レートに対する影響は小さくなるであろう。野口（二〇一四、一一八―一二三頁）は、二〇一二年秋以降の円安は日米金利差では説明できないという。

また、現在の日本の二年物金利はゼロなので、日銀がマネタリーベースを増加させても、日米金利差は拡大しない。問題はこうした状況の下で、ソロス・チャートが成立するかである。

図２‐４は日米のマネタリーベース比と円ドル・レートを示したものである。〇八年の金融危機の後、アメリカのマネタリーベースは急増する。同時に円高が進行するが、理論が想定するよりも円高の進行は弱い。アベノミクスが始まると、急速な円安が進行するが、マネタリーベース比は上昇していない。皮肉にも、異次元緩和が始まると、マネタリーベース比が急上昇するが、円安の進行が止まっている。

図 2-4　日米のマネタリーベース比と為替レート（2000 年 1 月-14 年 4 月）

資料：日銀ホームページ，セントルイス連銀ホームページ
注：日米のマネタリーベース比は季節調整済み，準備率調整後．2008 年 8 月を 100 とする指数．円ドル・レートは月平均

実はこうした結果は前回の量的緩和政策で実証されたことを再確認しているにすぎない。日銀は〇一年三月―〇六年三月に量的緩和政策を実施した。日本の二年物金利はゼロであり、同時に日米のマネタリーベース比は急上昇した。しかし、この時期には全体として円高の方向に動いている。逆に量的緩和政策が終わると、円安の方向に進む。量的緩和期の日米のマネタリーベース比と為替レートの相関関係は大きなマイナスになっている。

かつての量的緩和の時もソロス・チャートは崩れていたし、現在の異次元緩和でも同様である。加えて、現在、輸出は伸び悩み、輸入は急増し、貿易赤字が拡大している。円安による輸出拡大戦略がうまく機能していないことは、第1章で指摘した通りである。

インフレ期待

二〇一三年一〇月の講演で岩田は、異次元緩和はインフレ期待を通じて効果を発揮すると主張する。インフレが生じると人々が予想すると、物価が上昇する前に人々が物を買おうとするので、インフレが本当に生じるのである。

さて、企業が銀行から一億円借りたとしよう。借入金利がゼロならば、一年たっても、一億円のままである。しかし、物価が二％下がっているならば、同じ一億円を稼ぐためには、企業は今までよりも二％だけ余分に製品を販売しなければならない（ここでは、単純化のために、企業の費用などもすべて比例的に減少していると想定する）。すなわち、財の購買力で計算した実質金利は二％となる。

デフレは実質金利を引き上げることによって、負債者の負担を拡大するとされる。逆に日銀はインフレを作り出し、実質金利をマイナスにすることを通じて、負債者の負担を低下させる。それによって、経済を回復できるとされる。

しかし、異次元緩和後、消費者物価は上昇に転じたが、家計の名目所得は減少が続いている。現在の経済では、物価上昇と家計の名目所得の上昇は必ずしも連動しない。こうした場合には、物価が上昇しても、家計の実質的な負債は低下しない。逆に従来の生活を維持するために必要な費用が増加する分だけ、負債者は負担が増加するであろう。

また金融緩和を行えば、なぜインフレ期待が生じるのかにも明確な根拠はない。実際、アメリカの量的緩和政策によって、アメリカのインフレ期待が急上昇したわけではない。

日本でも、先述したように、〇八年半ばのインフレ期待は高かった。それは原油価格の高騰が輸入インフレを作り出したからである。〇八年の輸入インフレは原油価格が急落すると、終息した。それと同時にインフレ期待も低下する。このようにインフレ期待は現実のインフレ率が決めているのである。

そもそも、期待が価格に重要な役割を演じるのは、主として資産価格、特にバブルの形成においてである。他方、消費財価格に決定的なのは、製品のコストである。逆にコストが重要な役割をはたすから、消費財ではバブルが生じにくいのである。期待がインフレを起こすという理論は資産価格の論理を消費財価格に持ち込んだものにすぎない（もっとも、円安は輸入品価格を引き上げ、消費財のコスト引き上げを通じて、インフレを作り出す）。

金融システムの安定化

さて、日本の二〇〇一年からの量的緩和政策が金融システムの安定化に寄与したことは一般的に認められている。しかし、実体経済の効果については合意が不明確である（鵜飼、二〇〇六）。バーナンキの量的緩和政策にも同じ評価がなされている。大量の資金供給は金融機関の資金繰りを助け、証券市場を買い支えるのに役立ったのである。これは量的緩和政策を最後の貸し手として評価するものだといえよう。実際にもバーナンキは第一回の量的緩和政策を信用緩和政策と呼んでいた。

通常の計量モデルでは、線形性の仮定が置かれている。線形性の仮定が成り立つ場合、マネタリーベースの増加量を一〇倍にすれば、経済回復の効果も一〇倍になる。線形性のトリックを使えば、リフレ派は金融緩和にわずかの効果が検出できれば、量的緩和は日本経済をすぐに復活できると主張できる。しかし、実際には線形性の仮定が成り立たないことは、薬の場合を考えれば、すぐに理解できよう。

量的緩和政策の効果が、金融システムの安定化に対するものだとすれば、線形性が成り立たないことも、自明である。金融システム不安は経済を収縮させる。もし、量的緩和政策により金融システムが安定化すれば、それは実体経済にもよい影響を与える。しかし、金融システムが安定化してしまえば、さらなる緩和には効果がない。

しかも、金融システムが立ち直っても、実体経済はすぐに立ち直るわけではない。そうだとすると、バーナンキの三度にわたる量的緩和政策にもかかわらず、アメリカ経済がなかなか回復しないことも理解できよう。

異次元緩和の評価

本章では異次元緩和の理論的根拠を検討した。短期金利がゼロの状況で、効果がありそうな政策としては、長期国債の購入がある。長期国債の大量購入は国債金利を低下させた。また低金利は日本の財政を支えるという点でも重要であろう。

金融システムが不健全な場合には、中央銀行の最後の貸し手機能は、金融システムの資金繰りを緩和する。それによって、実体経済にもよい影響がでる。しかし、金融システムが立ち直ってしまえば、それ以上の流動性供給には意味がなくなる。

その他、ポートフォリオ・リバランス効果や円安政策は、理論的にもその正しさが疑われていた。実証面でも、異次元緩和(昔の日本と、アメリカの量的緩和も含めて)がこうした効果を発揮したという証拠が乏しい。

アメリカはバーナンキの政策によって経済を回復させたといわれている。けれども、第1章で示したように、アメリカの雇用はほとんど回復していない。ヨーロッパは全体として、アメリカよりも経済の回復が遅れている。

しかも、日本の異次元緩和は長期金利の引き下げ余地がないところから始まった。それでも、異次元緩和の始まる前は偽薬効果によって、円安と株価上昇が生じていた。しかし、五月の株価大暴落によって、偽薬効果も切れた。その後の日本経済は低迷している。

現在、経済が低迷していることから、二〇一四年七月に日銀は追加の緩和を行うべきだという主張と、行うであろうという予測がある。こうした主張と予測自身が異次元緩和の成果のなさを示すといえる。

日本の経済学者の間では量的緩和に対する異論も強かった。古くはケインズが『一般理論』(一九八三、二〇二―二〇五頁)の中で、金利が下限に達した流動性の罠の下では、金融政策は無効となると述べたことは有名である。異次元緩和の結果もこの主張を支持している。控えめにいっても、日本とアメリカと世界の経済が金融緩和によって立ち直ったという証拠をみるまでは、我々には異次元緩和の効果を信じなければならない義務はない。

第3章　財政政策と公共事業

1　財政政策の理論的基礎

ケインズ政策

アベノミクスの第二の矢は国土強靭化である。本章では財政政策を広く論じることによって、第二の矢の問題点を明らかにしたい。

不況時に行われる財政刺激策は一般的にはケインズ政策と呼ばれている。もっとも、ケインズは政府の借金が無限に拡大しても構わないと考えていたわけではない。好況時の財政黒字によって、不況時の赤字を補うことにより、長期的に財政を均衡させればよいと考えていたのである。

第2章の(1)式(七五頁)において、政府消費や政府投資が増加したとしよう。すると、その分だけ、ＧＤＰが増加する。ＧＤＰの増加は、乗数効果などを通じて、さらにＧＤＰを増加させるであろう。

減税政策もある。減税されると、家計や企業の所得が増加する。所得が増加した家計や企業が支出を増加させると、ＧＤＰが増加する。けれども、減税が刺激策となるのは、支出が増加するからである。深刻な不況期には、家計や企業は減税されても、増加した所得を支出にはあまり回さないであろう。そのため、減税政策は効果が小さい。特に生活に余裕のある金持ちへの減税の効果は小さい。

他方、公共事業(政府投資、政府消費であれば、公共事業でなくても構わない)は、少なくとも公共事業の分だけは、効果がある(ただし、輸入として外国に効果が流出した場合は、その分だけ効果が小さくなる)。

実は政府投資、政府消費の他にも政府支出は存在する。例えば、生活保護、年金、失業保険などの移転支出も政府支出である。しかし、移転支出は一国の人々の間で所得を移転するものであるから、政府消費や政府投資には含まれない。

もっとも、一般的に低所得者は支出の絶対額は小さくても、所得に対する割合は高い。そのため、生活保護、年金、失業保険などによって、低所得者へと所得が再分配されると、全体として消費が大きくなるであろう。その意味では再分配政策は経済刺激策としても利用できる。実際にもケインズは所得の不平等は需要を小さくすると考えていた。

現在のアメリカにおいても、リベラル派の経済学者(基本的に彼らはケインズ派か、ケインズに親近的である)の間では、所得と富が一%のスーパーリッチに集中したことが、二〇〇八年の危機の遠因となったということは、むしろコンセンサスになっている。

バランスシート不況と財政政策

クー(二〇〇七)は一九三〇年代の大恐慌も、九〇年代以降の日本もバランスシート不況だと訴える。二〇〇八年の世界的危機もそうである(〇九年に出版された英語版にはそう書いている)。いずれもバブルの中で人々は借金をして、支出を拡大させた。それがバブル景気を拡大させた。けれども、バブルが崩壊すると、人々にはバブル期にした借金の返済が迫られる。借金を返済するために、支出を切り詰め、黒字を作り出さなければならない。それが不況を引き起こしているのである。

クーはこのバランスシート不況を解決するためには、財政赤字が必要だと論じた。その理由はマクロ経済学から派生する。

日本経済は家計、企業、政府の三部門からなる。各部門は所得を稼ぎ、支出している。また日本は外国とも取引を行っている。日本から外国へ支払ったお金は外国の所得を作り出すと同時に、外国が支払ったお金は日本の所得を作り出す。所得が支出よりも大きな部門は黒字、小さな部門は赤字(マイナスの黒字)となる。経済全体では誰かが所得を得るということは、その所得の元となった支出を誰かが行っているということである。したがって、経済全体の所得と支出は一致する。

よって、

家計所得+企業所得+政府所得+外国の所得
=家計支出+企業支出+政府支出+外国の支出
家計の黒字+企業の黒字+政府の黒字+外国の黒字=0

となる。

すなわち、家計と企業が黒字になるためには、政府か外国、もしくはその両方が赤字とならなければならないのである。外国を除外して考えれば、バランスシート不況を解決するためには、政府の赤字が不可欠となる。

もっとも、家計部門とは様々な家計を集計したものである。日本の八〇年代後半のバブル期には企業が、アメリカの住宅バブル期には家計が、赤字を拡大させた。しかし、彼らの赤字を補塡するために貸し出していたのは、大部分が(別の)家計であった。すると、論理的にはバブル期に資産を蓄えた家計がその資産を取り崩して支出を拡大させれば、バランスシート不況を解決できるかもしれない。少なくとも軽減できるであろう。

しかし、借り手と貸し手は非対称である。借り手の返済は義務であり、そのために支出を切り詰める必要がある。他方、貸し手は資金を貸しているからといって、資産を取り崩して、支出を増加させる義務はない。逆に経済が悪化するにしたがい、将来に不安を感じた貸し手は支出を切り詰めるということのほうが、一般的であろう。こうした借り手と貸し手の非対称によって、バランスシート不況が生じるのである。

図3－1は日本の各部門の黒字を示したものである。ただし、図では国民総所得(GNI)に対する比率を示している。

バランスシート不況の理論が示すように、八〇年代後半のバブル期に、企業の赤字は急増した。バブルの中で企業は土地を担保にお金を借り、設備投資などに使ったのであった。それが

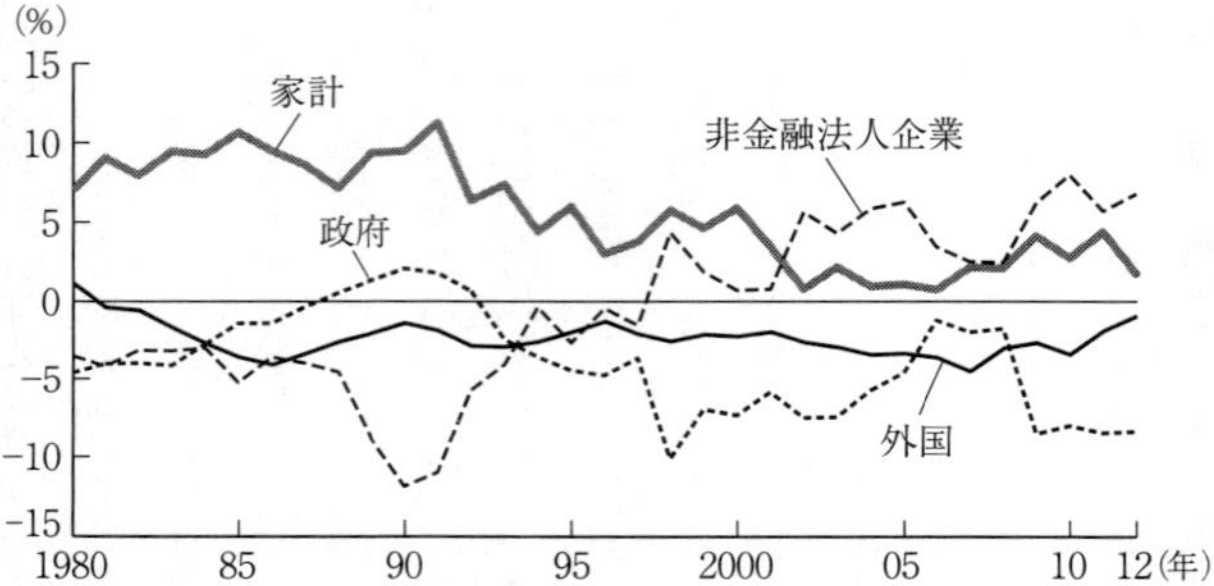

図 3-1　各部門の黒字(GNI 比)(1980–2012 年)
資料：内閣府ホームページ「国民経済計算」

バブル景気をさらに拡大させていた。ところが、バブルが崩壊すると、この時期に借りた借金の返済を企業は迫られることとなった。それでも、九七―九八年の金融危機までは、企業の赤字は減少したが、黒字に転化したわけではない。

ところが、九七―九八年の金融危機後、企業部門は黒字に転化した。二〇〇〇年代に入ると、家計の黒字を超えている。通常の状況では、企業は設備資金など、経営に必要な資金は自己資金だけでは賄えない。そのため、企業は赤字になる。そして、企業に必要な資金を貸し出すのが家計であるから、家計は黒字となる。その意味では、十数年間も異常な事態が続いているのである。

この企業の急減する赤字を最も吸収したのは、政府である。政府はバブル景気の中で税収が増加し、末期には黒字となっていた。ところが、バブル崩壊とともに、急速に赤字が拡大した。

2　世界経済の危機と財政政策

財政刺激策から緊縮財政へ

第2章で述べたように、一九八〇年代以降、アカデミックな経済学者の間ではケインズの影響力が小さくなっていた。財政政策についても、均衡財政が重視された。それを理論的に支えたのがニュー・ケインジアンのマクロ経済学である。長期的な生産量は供給サイドによって決まるということは、財政刺激策を行っても効果は一時的だということになる。逆に政府の仕事が非効率であるならば、政府支出の拡大は長期的な成長を阻害する。

しかし、二〇〇八年の危機以後、経済危機を乗り切るために、各国政府は財政出動による景気対策に乗り出した。これもまたケインズの復活の一つの現れだとされていた。けれども、財政刺激策は長続きしなかった。不況による経済の落ち込み、金融機関の救済、そして、景気刺激策によって、各国の財政状況は著しく悪化した。財政の悪化を受けて、各国は緊縮財政に乗り出した。

直接のきっかけはギリシアの財政危機である。ギリシアの財政危機は、アイルランド、イタリア、ポルトガル、スペインへと飛び火し、ユーロ危機を引き起こした。もしユーロが暴落すれば、それを救済できる者はいないかもしれない。その意味で、潜在的には世界経済の崩壊につながる可能性もある大問題だった。

ギリシアの危機を防ぐために、欧州委員会、ヨーロッパ中央銀行、IMFはトロイカ体制を組み、支援した。それによって一応の解決をみた。しかし、それと引き替えにギリシアは緊縮財政を迫られた。それだけでなく、EUでは新財政協定を作り、均衡財政を義務化した(発効は一三年一月)。

均衡財政の義務化を強硬に主張したのはドイツである。ユーロ圏もしくはEUのある国が財政危機に陥れば、他のユーロ圏やEUの国が救済することになる。実際にその中心となるのはユーロ圏とEU最大の経済大国ドイツである。したがって、ドイツが自らの負担を回避するために、GIIPS諸国や他のEU諸国に均衡財政を迫ることは理解できよう。実際、ドイツではギリシア救済に対する国民の反対は強かった。

しかし、緊縮財政に対する批判も根強い。緊縮財政は需要を削減し、経済を悪化させるからである。経済が崩壊すれば、税収も減り、目的である財政再建自体も挫折するという批判もな

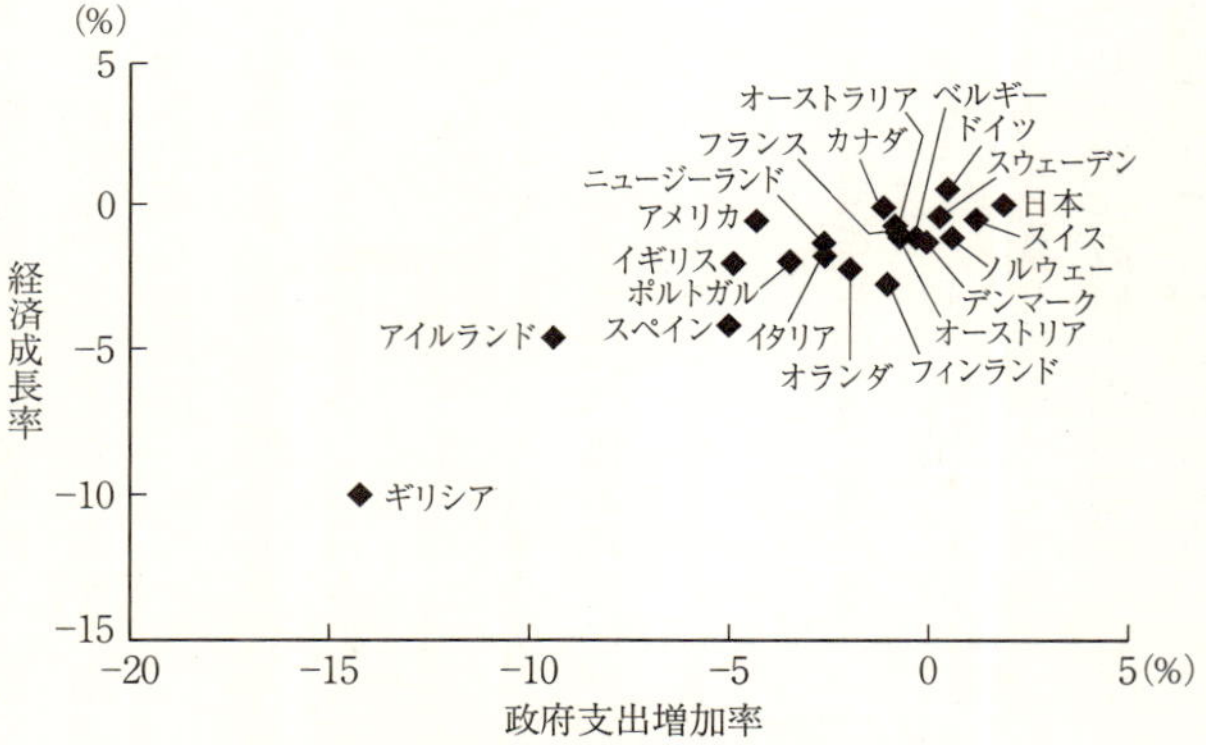

図 3-2　政府支出増加率と経済成長率の関係

資料：IMF ホームページ「データ・ベース」
注：2009–12 年(世界的な危機からの回復期)と 02–07 年(危機の前)の(年平均)増加率の差．実質．政府支出には政府消費，政府投資以外のものも含む

されている。

図３－２は主要先進国の政府支出増加率と経済成長率の関係を示したものである。ここでの政府支出とは生活保護などの移転支出も含めた政府支出全体である。いずれも危機からの回復期と危機以前の増加率の差である。だから、回復期の増加率がプラスであっても、危機前がそれ以上に高ければ、数字はマイナスとなる。

ほとんどの国で回復期の政府支出増加率が、危機の前よりも低下していることが分かる。そして、政府支出増加率を低下させた国は、ほぼそれと比例して、経済成長率も落ち込んでいる。特にＧＩＩＰＳ諸国における政府支出増加率は急低下した。絶対

額でも〇九年からの四年間で、政府支出をギリシアは三〇%、アイルランドは一〇%、ポルトガルは七%、スペインは五%も削減させている。そして、政府支出の削減とともに、その経済も大きく落ち込んだ。

日本では、一四年四月の消費増税が、景気回復を腰折れさせることになるのではないかという懸念がある。しかし、日本の場合には三%の増税を一回だけ行ったにすぎない(一五年一〇月には二回目の増税が行われる予定であるが、本当にそうなるかはまだ分からない)。実際には免税措置があるので、負担は二%程度である。それを考えれば、GIIPS諸国、特にギリシアで行われている過激な支出削減がその経済を崩壊させるのは、当然のことといえよう。一〇年以降の反ケインズ政策が各国経済の回復を妨げているともいえる。

経済危機と緊縮財政の悪循環

けれども、政府支出と経済成長の関係を、政府支出の削減がマイナス成長を作り出したという一方的な因果関係として理解することは、正しくない。乗数の大きさを考えれば、例えば、ギリシアが政府支出の削減だけで、これほどのマイナス成長を引き起こしたと、必ずしも考えることはできないであろう。

そもそも政府支出の削減の始まりは経済の落ち込みにある。経済の落ち込みの結果、税収も落ち込む。従来の政府支出を維持するとした場合、論理的には過去の資産を取り崩すなどの方法もあり得る。極論すれば、ギリシアでも政府が所有する古代ギリシア文明時代の秘宝を売り払えば、政府支出を削減しなくてもすむかもしれない（少なくとも政府の赤字を減らすことはできよう）。しかし、貴重な国民の財産を売り払うことに対する激しい反発によって、実際には実行不可能であろう。

そこで、政府は借金をしなければならない。国債を購入する人がいる限り、それで構わないかもしれない。しかし、ギリシアや他のＧＩＩＰＳ諸国では、債務危機が生じ、国債を購入する人がいなくなった。いても高い金利を要求されるようになった。

こうして政府は支出を削減せざるを得なくなった。そして、政府が支出を削減すると、ケインズ経済学にしたがって、需要が削減され、経済も悪化する。経済の悪化と政府支出の削減の悪循環が生じることになる。

ドイツは他国に緊縮財政を押しつけているが、自国ではそれほど過激な支出削減を行ってはいない。ドイツの成長率は、バブル期よりも回復期のほうが高いため、政府の収入も増加している。そのため、過激な支出削減を行う必要がないのである。

もちろん、需要は政府からの需要だけとも限らない。実際にも、ドイツは危機後も輸出拡大によって、相対的に高い成長率を維持することができた。けれども、ある国が輸出できるのは、輸入する国があるためである。輸出主導型成長を世界全体に適用することはできない。また国内の民需にしても、バランスシート不況の中ではその拡大を期待することはできない。こうして、緊縮財政は経済を悪化させていくのである。

財政政策に関して、重要な例外が日本である。危機前よりも政府支出増加率は二%近く上昇した。主要先進国の中では最大である。主要先進国の中で、危機前よりも成長率が高い国はドイツだけである。日本は危機前よりも成長率は低いが、ほとんど変わらない。落ち込みが小さいという点でドイツに次ぐ。

もっとも、日独の相対的によい経済状態は財政政策のスタンスの違いだけが原因だと考えることはできない。そもそも、両国にはバブルがなかったから、危機前の経済成長率はその分だけ低かった。さらに、バブルがなかったにもかかわらず、両国は輸出の急減により、二〇〇九年には著しく経済が落ち込んだ。落ち込んだ経済が元に戻るだけで、回復期の経済成長率は高まる。さらに、ドイツの場合には輸出の拡大も経済成長を支えている。

それでも、財政政策のスタンスが全く関係ないと考えるのは間違いであろう。

例外としての日本とアメリカ

政府債務の累積が財政危機の原因だという主張にも疑問が投げかけられている。実際、日本の財政状況が先進国では最悪レベルであることは、危機以前からいわれてきたことである。また、ギリシアを除けば、アメリカの財政状況はＧＩＩＰＳ諸国と比べても、むしろ悪い。けれども、貸し手がいる限り、借り手は借金を重ねることによって、論理的には破綻を回避できる。財政の持続性には貸し手の論理も重要だということである。

ギリシアと異なり、日本の国債は圧倒的大部分が国内の金融機関によって保有されている。金融機関からすれば、優良な大企業もまた、潜在的には有望な借り手であろう。しかし、日本では長期的な停滞の結果、大企業は借金をするのではなく、内部留保を蓄え始めた。中堅・中小企業は依然として、銀行からの借入に頼っているが、彼らへの貸出はリスクが高い。そうした状況では、金融機関にとって、国債は重要な資金の運用先である。

同時に日本は世界最大の債権国である。日本の金利はほとんどゼロなので、世界経済が好調な時には、日本から外国への資金の投資や貸出が増加し、円安となる。逆に世界経済が悪化した時には、この資金が回収され、円高となる。回収された資金は日本人にとって最も安全な証券である日本国債に投資される。こうして世界経済が悪化した時に、円高となり、国債金利は下がる。

他方、アメリカは国債の半分を外国人(そのうち四割が日本と中国)が保有し、世界最大の経常収支赤字国、債務国であるなど、ギリシアと極めて似通っている。しかし、アメリカは事実上の基軸通貨国である。

世界の多くの人々にとって、世界で最も信頼できる通貨はアメリカ・ドルであり、最も安全な証券はアメリカ国債である。そのため、世界経済が危機に陥ると、ドルの価値は上昇し、アメリカ国債の金利は下がることになる。

それを象徴するのが、二〇一一年七月末から八月初めに起こった、アメリカ連邦政府の債務不履行問題である。先述したように、アメリカは連邦政府の債務の上限を法律によって定めているが、その上限を超える可能性が出てきた。債務の上限を引き上げる必要があるが、政治的な対立のために困難となり、債務不履行に陥る危険性が出てきたのである(最終的には引き上げられている)。

ギリシアでこのようなことが生じれば、それだけで国債金利は上昇し、危機に陥ったであろう。アメリカでも、金融市場が混乱し、格の低い社債の金利は急上昇した。けれども、アメリカの国債金利は逆に低下したのである。

こうした日本とアメリカの特殊性が、彼らの悪い財政を持続させているのである。

3　一九九〇年代以降の日本の財政政策

公共事業と地方財政

次に一九九〇年代以降の日本の長期停滞を取り上げよう。九〇年代以降、長期停滞を解決するために、景気対策として政府は公共事業を拡大させた。しかし、こうした景気対策は効果をあげず、借金だけが残されたと一般的には思われている。これは必ずしも正しくない。

図３‐３は政府と民間の(実質)建設投資を示したものである。八〇年代後半のバブルの中で民間建設投資は急増した。政府建設投資も増加したが、民間の急増と比べるとわずかであった。

九〇年代初め、バブルが崩壊した後、民間建設投資は、減少し続けた。二〇〇〇年代の水準は八〇年を下回る。政府建設投資は、九〇年代前半には逆に増加した。不況対策としての公共事業が行われたということは、九〇年代前半にはある程度正しい。けれども、民間の急減と比較すると、政府建設投資の増加は極めてわずかである。この程度の公共事業の増加では、バブ

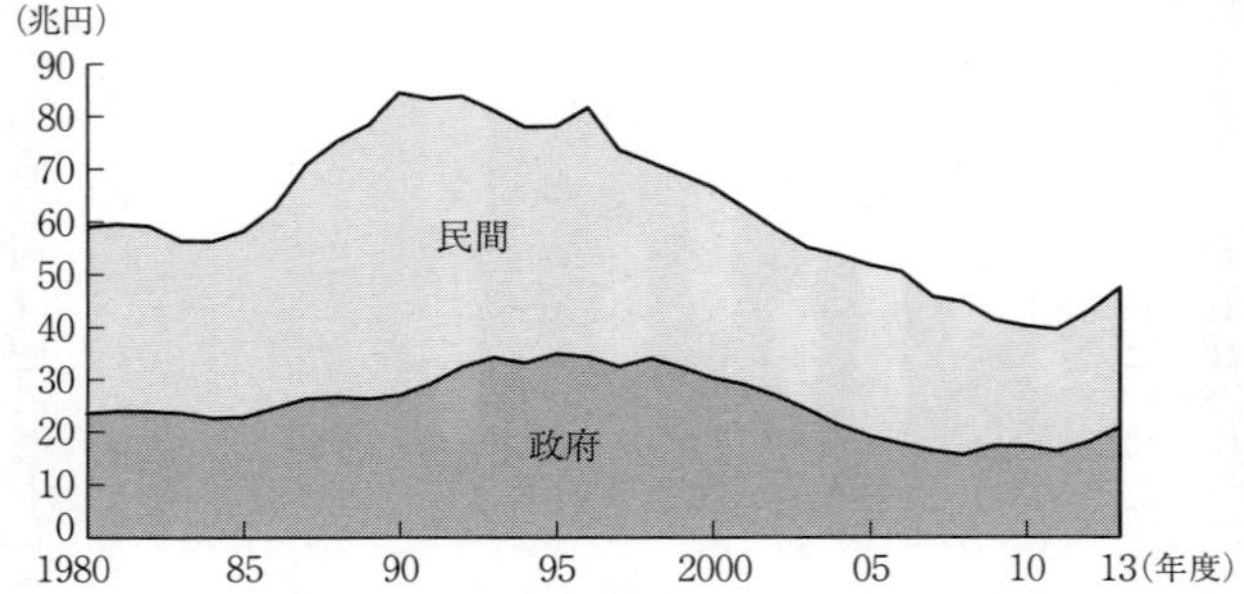

図 3-3 政府と民間の実質建設投資(1980-2013 年度)

資料：国土交通省ホームページ「平成 25 年度建設投資見通し」
注：2005 年度価格で実質化．2011 年度，12 年度は見通し，13 年度は見込み

ル崩壊の痛手から立ち直ることができなかったのは、当然ともいえる。

けれども、九〇年代半ば以降、政府建設投資の増加は止まり、逆に減少し始めた。二〇〇〇年代に入ると減少のペースが速まった。二〇〇〇年代半ばには八〇年の水準を下回っている。その後、〇八年に世界的な金融危機、一一年に東日本大震災が生じると、政府建設投資は増加する。アベノミクスによって、一三年度にはさらに急増する見込みである。けれども、政府建設投資が急増したといっても、過去の減少を取り戻しているわけではない。

日本の公共事業はその大部分が地方自治体によって行われている。逆に地方自治体の支出の三割から四割程度は、公共事業に使われている。そのため、公共事業の問題は地方財政の問題となる。

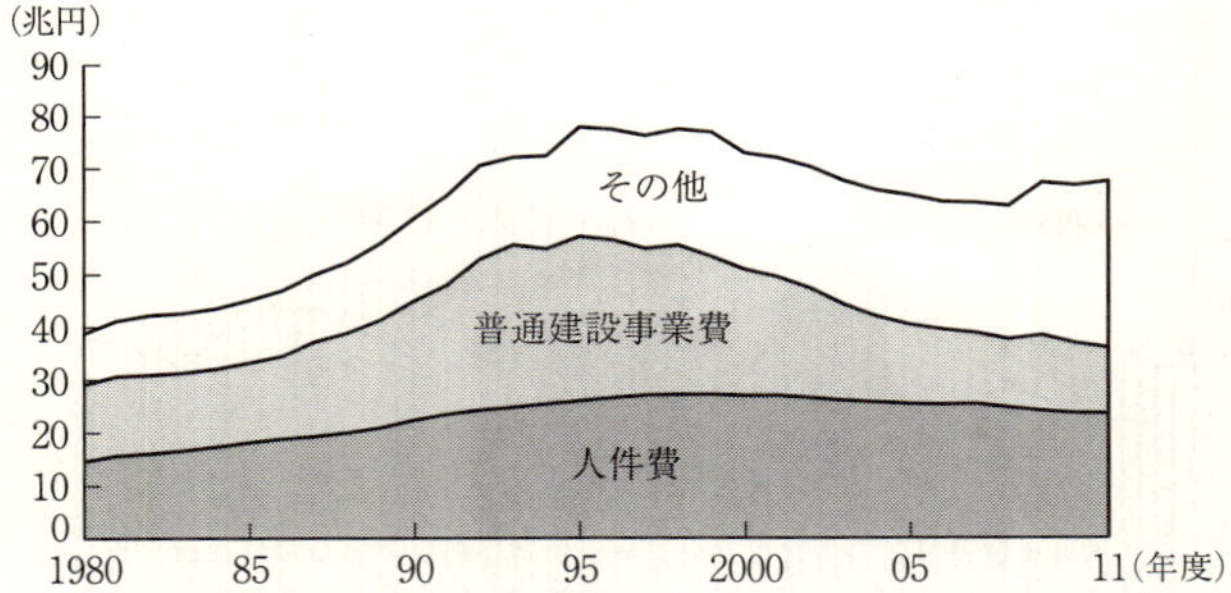

図 3-4　地方自治体の支出(1980–2011 年度)
資料：総務省ホームページ「日本の長期統計」，「平成 23 年度地方財政統計年報」
注：公債費，積立金，貸付金などを除く

図3－4は地方自治体の支出を示したものである。一九九〇年代前半、普通建設事業費が急増したことが分かる。中央政府が景気対策として公共事業を行う場合でも、実際に行っていたのは地方自治体だった。旧大蔵省は地方自治体が公共事業を行うために発行した地方債を、将来、地方交付税の交付によって返済できるようにした。地方自治体もこの機会をとらえて、積極的に公共事業を拡大させた(地方交付税交付金の趣旨から考えて、こうした手法がよいのかどうかは大きな問題である)。

その結果、地方自治体の財政は赤字となり、財政難に陥る。地方自治体の支出の多くは義務的経費である。例えば、財政難だからといって、小中学校、警察、消防などの仕事をやめることはできない。他方、道路などのインフラは多少修繕しなくても、使うことができ

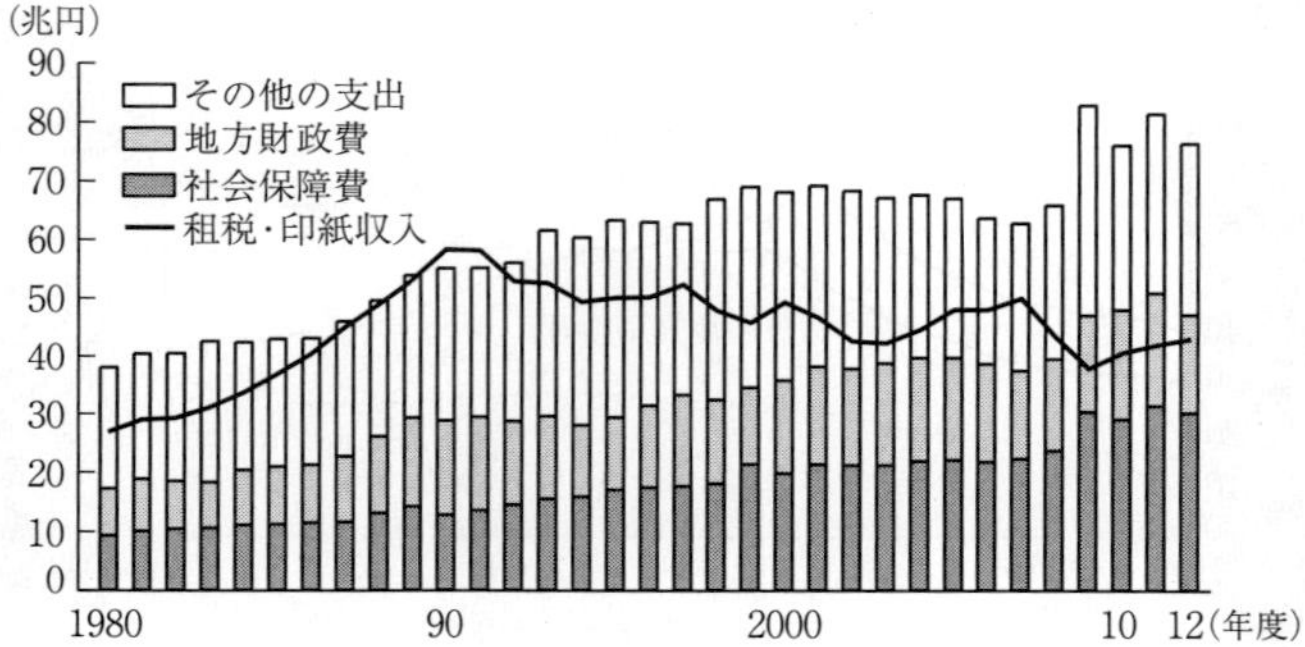

図 3–5　中央政府の一般会計(1980–2012 年度)

資料：総務省ホームページ「日本の長期統計」，財務省ホームページ「財政統計」
注：支出は国債費を除く

る。そこで、九〇年代後半以降、地方自治体は公共事業を削減したのである。

九〇年代末からは、人件費の削減にも乗り出した。その方法は、民間企業の場合と同様で、人員削減と給与削減である。もっとも、公共事業が急減したのに対して、人件費は微減である。人件費と普通建設事業費を除くと、地方自治体の支出はむしろ増加している。〇八年の危機後、地方自治体の支出は多少増加傾向にある。けれども、人件費は減少が続き、普通建設事業費は〇九年度には増加したが、その後は減少している。

中央政府の財政悪化の原因は何か

図3－5は中央政府の支出と税収を示したものである。なお財政悪化にともない、過去の借金の

返済である国債費は増加が続いているが、これは支出の中から除いている。

一九八〇年代には日本経済の成長とともに、中央政府の税収も増加していた。特に八〇年代後半のバブル期の税収の増加は著しかった。ところが、バブルが崩壊すると、税収は急減する。その後、景気の回復とともに増加した時期もあったが、トレンドとしては減少傾向にある。税収の落ち込みの原因は経済の停滞と不況対策として減税を行ったことにある。

支出の中で増加が著しいのは、社会保障費である。日本の高齢化は、現在の水準と進行速度の双方で世界でも最高水準である。日本の社会保障の原則は保険方式である。けれども、政府も一部の費用を負担している。高齢化が進んだために、一般会計の負担も急増することとなった。

地方財政費は九〇年代以降、ほぼ横ばいである。社会保障費、地方財政費を除いた支出も横ばいか、むしろ微減である。ただし、経済危機が生じた後の九八―九九年度、二〇〇九年度には一時的に支出が増加している。政府支出の拡大は高齢化にともなう社会保障費の増加の結果なのである。

さて、無駄遣いを減らして、政府の規模を小さくすべきだという主張は依然として強い。無駄遣いをなくすことは、抽象論としては望ましいであろう。けれども、政府の規模拡大の主たる原因は高齢化であり、社会保障費を削減することなく、政府の規模を小さくすることはできないであろう。

また経済停滞といっても、すべての人が同じように停滞で苦しんでいるわけではない。生活保護や失業手当の削減は対象となる人々の生活を破壊するかもしれない。さらに、景気対策という面だけから考えても、貧しい人々に所得を移転することは、需要を拡大し、経済を下支えすることになる。人口の高齢化は政策とは関係なく生じたことであるが、社会保障費の拡大は結果的に経済を下支えすることに役立ったと考えられる。

4 アベノミクスにおける財政政策

政府支出と耐久財消費・民間住宅投資主導型成長

現在、政府・日銀は今回の経済回復は内需主導型だと主張している。図3－6はGDPの増加とその内訳を示したものである。純輸出(輸出から輸入を引いたもの)の増加額は二〇一三年前半にはプラスであったが、後半はマイナスである。図をみると、それが一三年後半の経済成長率の低迷の原因だったことが分かる。確かに今回の経済回復は輸出主導型だとは言い難い。

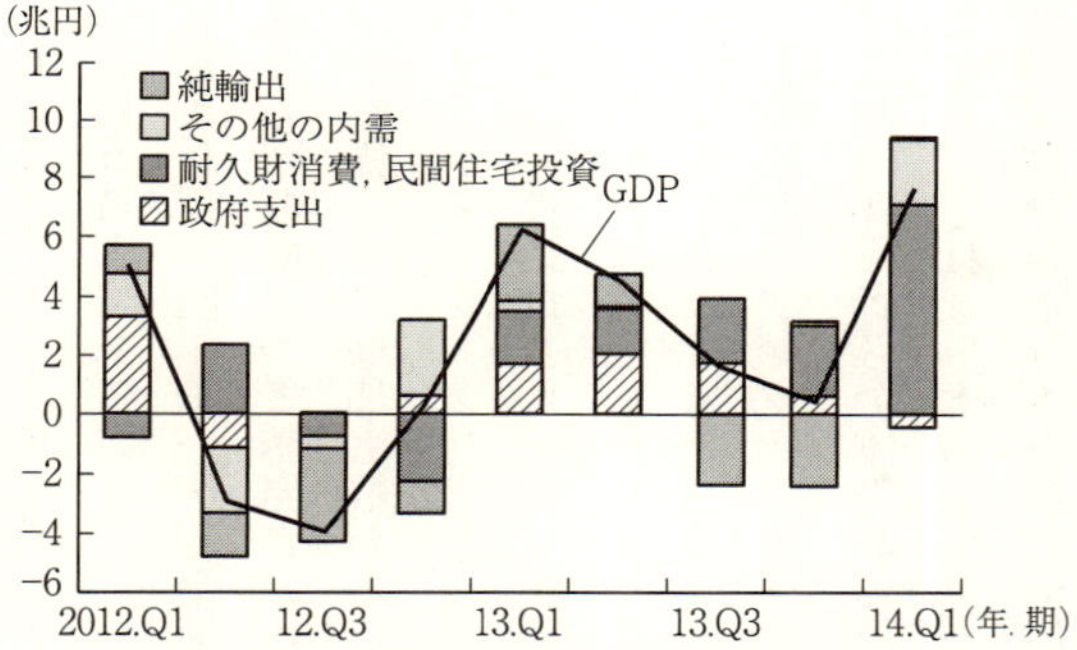

図 3-6　実質 GDP の増加とその内訳
(2012 年第 1 四半期–13 年第 1 四半期)
資料：内閣府ホームページ「国民経済計算」
注：季節調整値，前期差

だからといって、内需主導型であるわけでもない。内需の中で伸びているのは、政府支出と、耐久財消費・民間住宅投資である。ただし、政府支出は一三年第四・四半期にはほとんど増加していない。一四年第一・四半期は逆に減少した。それ以外の内需はそれほど増加しているわけではない。結局、内需主導型というよりも、むしろ政府支出と消費増税前の駆け込み需要主導型成長なのである。

もっとも、耐久財消費と民間住宅投資の増加のすべてが、消費増税の結果であるとは言い難いかもしれない。しかし、消費増税後の一四年度は、耐久財消費と民間住宅投資に依存する成長が見込めないことは確かであろう。政府支出は(自治体も含む)政府の意思でかなりの程度コントロールできるものである。けれども、一四年度の政府投資は実質で二・三%減少すると、日本政府自身が見込んでいる。一四年度には政府支出と耐久財消費・民間住宅投資主導型の成長は見込めないということである。

ただし、一四年第一・四半期には民間設備投資も急増していた。しかし、設備投資の増加は経済の回復によって誘発された部分が大きいであろう。すると、他の支出項目の増加が止まれば、設備投資の増加も終わることになろう。民間企業の設備投資主導型の成長にも見込みがないといえる。

一三年度の成長が政府支出の増加と消費増税前の駆け込み需要に支えられ、それが終わると経済が低迷するということになれば、アベノミクスの影の主役が財政政策だったことを示すことになる。その意味で筆者は第二の矢の効果は認める。

けれども、公共事業に代表される政府固定資本投資はGDPの五%程度を占めるにすぎない。建設業の就業者も全体の数%程度である。政府固定資本投資を現在のように年率二割で急増させても、それは日本のGDPを一%増加させるにすぎない。実際にはこのような高率で二、三年間、政府固定資本投資を増加させると、建設会社の設備能力や建設労働者の不足によって、需要に応じることができなくなるであろう。

東日本大震災で被災した東北三県では、アベノミクスが始まる前から、震災復興のために公共事業が拡大していた。民間でも住居、工場などの建設が急増し、建設ブームが起こっていた。その結果、自治体が公共事業の入札を行っても、入札に応じる企業がない。入札する企業があっても、予定入札価格より高いということも一部でみられていた。

第二の矢がこうした状況を悪化させている。労働者に関しても、建設業ではバブル期以来の人手不足となっている。今後、供給能力が不足する建設業界で需要を拡大させても、生産の拡大へとは結びつかないであろう。

もっとも、政府支出と公共事業はイコールではない。これからの時代は医療、福祉、教育の役割が大きくなっている。財政主導型の経済回復を志向するのであれば、こうした方向に支出の方向を転換させる必要があろう。

異次元緩和と財政ファイナンス

日銀は紙幣を印刷する権限を持っている。そのため、政府の借金を日銀に押しつければ、無限に借金をすることが原理的にはできる。そういうことを防ぐために、財政法では政府が日銀に国債を引き受けさせたり、日銀から借金したりすることを禁止している（ただし、国会の議決があれば、認められる)。

けれども、日銀は国債を購入することによって、マネタリーベースを供給している。経済理論上は、市場から国債を購入するのと、政府から直接購入するのとは変わりがないはずである。もっとも、日銀は金融機関に国債の売却を強制できないから、日銀が大量に国債を購入しようと思っても、売り手がいないということは起こり得るし、実際にもあった。

二〇一二年末から一三年末の一年間で、日本の国債・財融債(短期国債も含む)の残高は三七兆円増加している。他方、日銀の保有は六八兆円増加した。この一年間に生じた国の借金の二倍近い資金を日銀が貸し出したということである。

異次元緩和の隠れた目的は財政ファイナンスにあるという主張がある(例えば、野口、二〇一四、一〇二―一〇四頁)。

戦前の日本において、日銀の国債直接引受によって財政ファイナンスを行っていたと考えられているのが、高橋財政である。高橋是清が大蔵大臣に就任したのは、一九三一年末のことである。高橋は当時の不況とデフレを解決するために、赤字財政政策をとった。そして、発行した国債を日銀に購入(直接引き受け)させることによって、必要な資金を調達したと考えられているのである。

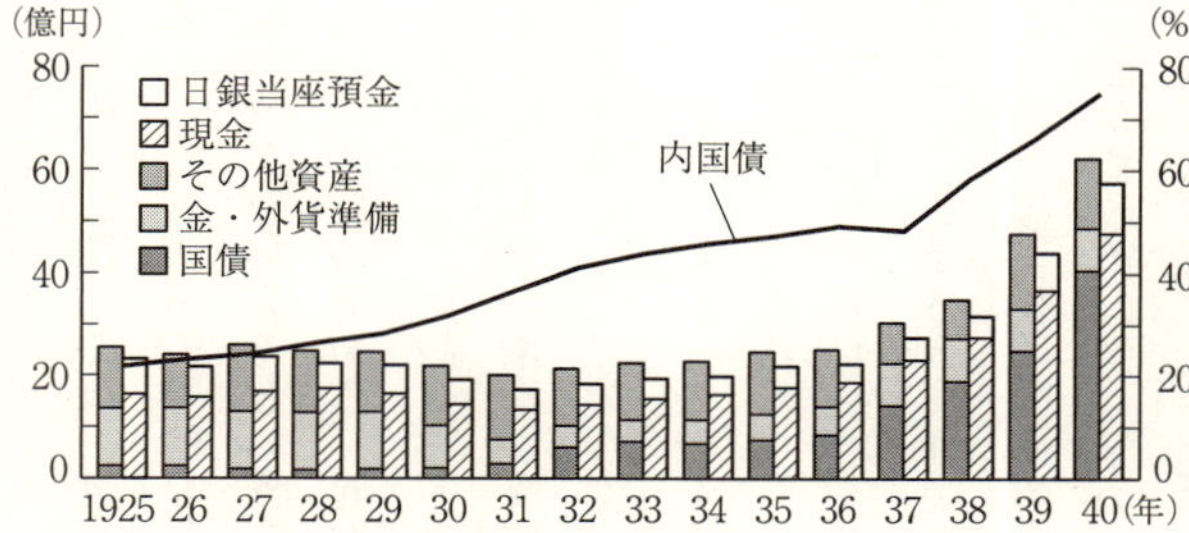

図 3-7　高橋財政前後の日銀の資産とマネタリーベース(1925-40 年)

資料：藤野正三郎・寺西重郎(2000)，大川一司ほか(1974)
注：内国債は右目盛り．他は左目盛り．内国債は対 GNI 比

図３－７は高橋財政前後の資産とマネタリーベースを図示したものである。実際には、高橋が大蔵大臣になる前年、日本は金の輸出解禁を行っていた。その結果、日銀の保有する金が急減し、マネタリーベースも急減した。高橋は異常に少なくなったマネタリーベースと日銀資産を回復させたにすぎない。高橋が暗殺された三六年においても、マネタリーベースは金輸出解禁前に戻ったにすぎない。しかも、高橋はリフレーションの目的が達成されたとみると、軍事支出の抑制に乗り出した。それが軍部との対立を作り出し、暗殺されたのである。

そもそも国債引受は国債の市中消化を前提としていた。高橋による赤字財政政策によって、国債は大量発行された。一度にこの国債を市中で消化しようとすると、国債金利が高騰するであろう。それを防ぐために、日銀に一時的に引き受けさせた。そして、適当な時期をみて、日銀は国債を市中に売却した。日銀の資産が異常な膨張をみせなかったのは、そのためである。

黒田＝岩田日銀は一度に大量に国債を購入しすぎることによって、国債金利の急上昇を引き起こした。大量の国債発行と大量の国債購入では、方向は正反対であるが、国債市場に急激なショックを与えるということでは共通する。高橋はこれを避けるために、日銀に一時的な引受を行わせたのである。異次元緩和と比べると、高橋財政は金融政策としては遥かに穏健だった。

もっとも、財政ファイナンスが悪いことかどうかは別である。日本の財政赤字を解消するためには、多額の増税か支出削減、おそらくはその両方が必要である。しかし、こうした抜本的措置は難しいだけでなく、かえって望ましくないかもしれない。他方で、財政破綻は回避しなければならない。こうした状況では日銀による財政ファイナンスはやむを得ない策と考えることもできるであろう。

また財政ファイナンスという強い言葉が妥当かどうかは別としても、金融政策とは金利を操作することである。直接操作する金利がインターバンク市場の短期金利であっても、短期金利が下がれば、長期国債の金利にも影響が及ぶはずである。

低金利政策は借り手の負担を小さくする(逆に貸し手の利益を小さくする)。そして、日本における最大の借り手は政府である。実際、国債の累積が著しいにもかかわらず、九〇年代以降、中央政府の利払い費は逆に減少傾向にあった。政府は低金利政策によって多大な利益を得ていることは統計をみれば分かるし、理論的に考えてもそうなるはずである。

ところで、三〇年代の世界大恐慌期において、日本は比較的経済の回復が早かったといわれている。表3―1は三一―三三年の実質GNIの成長率と各項目の寄与度を示したものである。三二年には民間部門は消費も投資もマイナス成長であった。しかし、政府部門と経常収支黒字の拡大(実際には経常収支は赤字の縮小)が経済成長をプラスにした。三三年には民間部門の成長もプラスとなり、それが高い経済成長を実現した。積極財政が呼び水効果によって、民間部門の成長を支えたことが分かる。

しかし、図3―7が示すように、赤字財政政策の下で内国債の残高も絶対額だけでなく、GNIに対しても上昇した。当時の低金利政策は利子率の負担を軽減することによって、財政の持続可能性を高めたのである。このように金融政策は民間投資だけでなく、政府支出にも刺激を与えるのである。

表3-1 高橋財政初期の実質GNI成長率と各項目の寄与度

(%)

	1931年	1932年	1933年
GNI	0.4	4.4	10.1
政府支出	2.8	2.8	1.5
政府消費	2.6	1.0	1.3
政府投資	0.2	1.8	0.1
民間支出	−0.1	−2.0	6.9
個人消費	1.7	−1.2	5.2
民間投資	−1.9	−0.9	1.7
経常収支黒字	−2.3	3.8	1.8

資料：大川一司ほか(1974)

しかし、財政ファイナンスにおいても、流動性の罠の限界がある。すなわち、流動性の罠の状況では金利引き下げによって、金利負担を引き下げることができなくなる。先程、日本政府の利払い費は低下傾向にあると述べたが、二〇〇〇年代半ば以降、この傾向は止まり、最近は逆に上昇傾向にある。金利低下の効果が限界にきた結果、国債増加の効果のほうが大きくなったのである。

高橋財政とポートフォリオ・リバランス効果

岩田(二〇〇二)は一九三〇年代の日米のデフレからの脱却に際して、銀行貸出の増加がデフレからの脱却よりも遅れて起こっていたことを指摘する。しかし、銀行は証券を購入し、それがマネーサプライを増加させたと論じる。

図3-8は高橋財政前後の銀行の資産の構成を示したものである。三四年には銀行の(現金預け金を除く)資産は、二九年の水準をわずかであるが、上回っている。けれども、貸出が増加に転じるのは、三五年からである。過去のピークの二六年を上回るのは三八年である。確かに貸出の増加は経済の回復に遅れている。

だからといって、証券の保有が増加したわけではない。株式・社債は、三四年以降、増加に

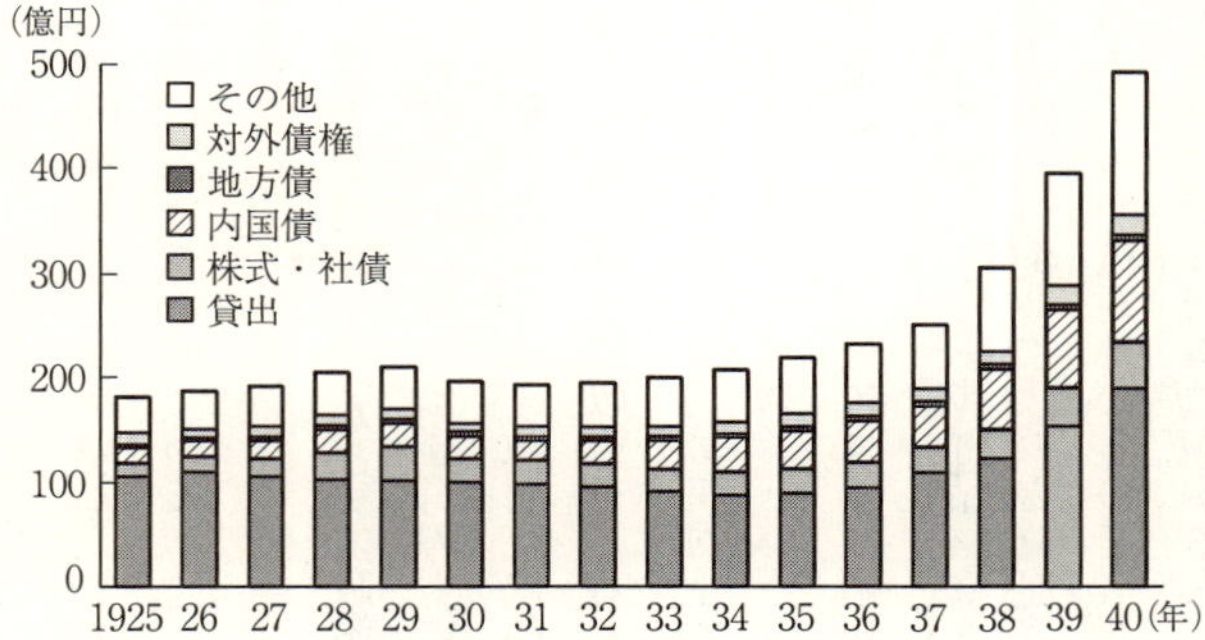

図 3-8　高橋財政前後の銀行の資産(1925-40 年)

資料：藤野正三郎・寺西重郎(2000)
注：その他は現金預け金を除く

転じている。けれども、二九年のピークに達するのは三九年と、貸出よりも遅れる。対外債権は三四年には二八年のピークの水準を上回っているが、その差は小さい。地方債も減少しているし、もともと額が小さいので大勢には影響しない。

銀行がその保有を拡大させたのは、国債である。それでは、なぜ銀行は国債を購入したのであろうか。経済の悪化の中で銀行はリスクを嫌い、国債需要が増加する。他方で、高橋財政の結果、国債は大量発行されている。こうして売り手と買い手の利害が一致し、銀行の国債保有が増加したのである。それは九七―九八年の金融危機以来、銀行が国債保有を増加させているのと同じ理屈である。

こうした事情は実は大恐慌期のアメリカでも生じていた(服部、二〇〇七、一三三―一三四頁)。そのことから、クー(二〇〇七、一二九―一三二頁)はバランスシート不況の下では、財政政策から独立した金融政策はあり得ないと論じている。つまり、ポートフォリオ・リバランス効果は赤字財政政策の結果だったのである。

フードファディズムと経済政策

政府支出の拡大は経済の下支えになる。また低金利政策は財政の負担を減少させる。高橋財政で行ったように、政府支出の拡大によって経済を回復させると同時に、財政負担を小さくするために、低金利政策をとることは、有効な政策といえる。しかし、効果があるというのとそれが経済の復活をもたらすということでは大きな違いがある。

フードファディズムという言葉がある。栄養学の研究が、ある食品が健康によいと科学的に立証し、それがマスコミに紹介される。それを見聞きした人々が、それを食べれば健康になると思い込んで、その食品を買い占める。

実際には健康によいと立証されたとしても、その効果は微々たるものである。また栄養にはバランスが重要であるので、これだけを食べれば健康に過ごせるということはあり得ない。フードファディズムにかかる人は素人で、まともな科学者は警告する側である。

遺憾なことに経済政策のファディズムはそうではない。そこではしばしばファディズムを煽っているのは、政策を売り込もうとする専門家であり、素人は逆にしばしば懐疑的である。これもまた経済学の遅れを示すものであろう。

第４章　成長戦略とトリクルダウン

１　政府の規模を小さくすれば、成長できるのか

市場の失敗と政府の失敗

本章の前半では成長戦略を取り上げる。

アベノミクスの成長戦略の理論的根拠も、基本的には新自由主義的な小さな政府論だと思われる。しかし、安倍政権の関係者には新自由主義に批判的な者もいて、複雑である。また成長戦略として、具体的な政策が立案されているわけではない。ＴＰＰ交渉にしても、何が話し合われているのかは定かでない。交渉の経緯を明らかにしないことが、ＴＰＰ交渉の基本方針であるから、定かでないのも当然といえる。

そこで、成長戦略については、重要な論点を提起するに留める。それは小さな政府が経済成

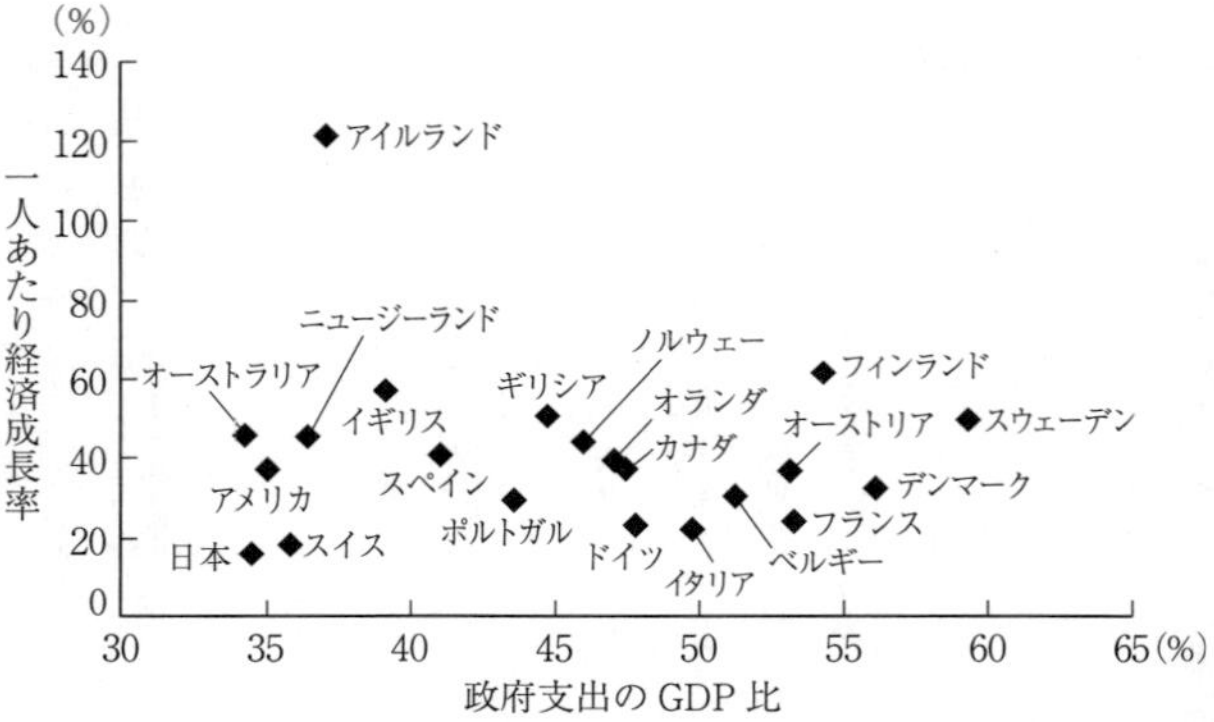

図 4-1　一人あたり経済成長率と政府支出の GDP 比
(1992–2007 年)

資料：IMF ホームページ「データ・ベース」
注：一人あたり経済成長率は累積，政府支出の GDP 比は期間の平均．政府支出には政府消費，政府投資以外のものも含む

長につながるのかと、格差の拡大が望ましいのかの二つである。

図４－１は一九九二―二〇〇七年の主要先進国の一人あたり(累積)経済成長率と政府支出のGDP比(一五年間の平均)の関係を示したものである。経済規模(GDP)に比して政府支出の小さな国が、経済成長率が高いとは限らないことが、図から読み取れる。政府の大きさの指標として他に政府収入のGDP比が考えられる。しかし、政府収入のGDP比をとっても、大差はない(図は省略)。

いずれの指標をとっても、政府の規模と一人あたり経済成長率の相関は、外れ値のアイルランドを除くと、小さなプラスになる。しかも、アイルランドの成長はバブルに支えら

れた面が強く、〇八年の危機の後は停滞している。もっとも、ヨーロッパにはアイルランド以外にも停滞している国は多い。

実は政府の大きさと経済成長率の間に関係がないことは、よく知られた経験的事実である。それはミクロ経済学の教科書が示す通りでもある。ミクロ経済学の教科書は完全競争市場から始まる。そこでは需要と供給の作用によって、市場は資源を効率的に配分することが示される。しかし、ミクロ経済学の教科書には、市場が資源を効率的に配分することができるのは、完全競争市場で、しかも市場の失敗のない場合とも書いてある。現実の市場は完全競争市場ではなく、市場の失敗もしばしば生じている。現実の市場は大なり小なり歪んでいるのである。

そして、市場が歪んでいる場合、政府の介入が歪みを正すことができる可能性があるとも書いている。ただし、これは可能性の話である。実際には市場と同じく、政府も理想的な存在ではない。政府が邪悪であったり、愚かであったりする場合には、政府の介入はかえって状況を悪化させることもあり得る。

すると、市場の失敗よりも政府の失敗のほうが大きい場合には、政府の規模を小さくすると、資源配分を効率的にすることができる。逆に市場の失敗のほうが大きい場合には、政府の規模を小さくすると、資源配分は非効率になる。理論的にいえるのはここまでである。先験的にはいずれが大きいかはいえないから、政府を小さくすることが経済成長につながるとは限らないことは、理論的にも明らかといえる。

もう一つ問題がある。ミクロ経済学の教科書がいう資源の効率的な配分は、所得格差の問題を排除している。けれども、多くの人は一%のスーパーリッチとその他大勢の一般国民とに、所得と富に莫大な格差のある社会を望ましいとは思わないであろう。

市場の結果が生み出す莫大な格差が望ましくないとするならば、それを解決することは、政府の仕事である。実際にも現在の大きな政府が行っているのは、所得の再分配である。すると、政府を小さくすることは、格差を大きくすることになるのは当然の話であり、実際にもこのことがしばしば社会問題となってきた。

ニュージーランドはどうなったのか

小泉構造改革の中心は郵政民営化であった。そのモデルとされたのがニュージーランドの郵政民営化であった。

ニュージーランドでは、第二次大戦後、ケインズ主義と福祉国家の理論に基づいた経済運営がなされていた。しかし、一九八四年に政権をとった労働党は新自由主義に基づいた過激な構造改革を始めた。その後、政権はライバルの国民党に変わるが、改革は受け継がれる。郵政民営化はこの過激な改革の一環として行われた。こうした経緯を考えれば、ニュージーランドが小泉構造改革のモデルとなったことはむしろ当然とも思えよう。

ニュージーランドでは九〇年代初め、銀行業と通信業は外資に売却され、郵便業のみがニュージーランド・ポストという国有株式会社として残った。けれども、九八年には郵便業に対する民間企業の新規参入も解禁となっている。

しかし、郵便業では合理化によって店舗は急減し、郡部への配達料金も値上げされた。外資による銀行サービスに対する国民の不満も高まった。そこで、二〇〇二年には、ニュージーランド・ポストの子会社として、キウィ銀行が新たに設立されている。このようにニュージーランドの郵政民営化は必ずしも成功とはいえなかった。それどころか、小泉政権が郵政民営化を行った時期には、ニュージーランドでは見直しが行われていたのである。

けれども、先述したように、郵政民営化は過激な改革の一環であった。郵政民営化という部分よりも、この過激な改革という全体がニュージーランド経済に何をもたらしたかのほうが、より重要であろう。

これについては、クイギン『ゾンビ経済学』(二〇一二、二三五頁)が重要なことを書いている。

ニュージーランドは一九八〇年代にサッチャー主義による過激な改革を行った。労働党政権の財務大臣ロジャー・ダグラスは「サッチャーよりもサッチャー主義的」という評判を得た。一九九〇年までに国民は過激な改革にうんざりし、代わりに保守党を選んだ。しかし、保守党もまた過激な改革を継続した。

しかし、クイギン(二〇一二、一四九―一五〇頁)は次のことを指摘する。ニュージーランドとオーストラリアは似たような条件を持ち、二〇世紀を通じて、肩を並べて成長していた。しかし、八〇年代以降、両国は別々の道を歩む。オーストラリアはもっと穏健な改革を行い、マクロ経済政策もそれほど制約的なものにはしなかった。その結果、ニュージーランドが二〇〇〇年に過激な改革をやめた時には、一人あたり所得はオーストラリアの三分の二となっていて、その後も差はわずかしか縮まっていない。

そこで、図4-2に、購買力平価で計算したニュージーランドの一人あたりGDPを示した。ただし、数字はオーストラリアを一〇〇とする指数である。七〇年から八〇年代半ばまで、八〇を超えていた。指数は年による変動はあるが、トレンドとして低下するということはなかった。

しかし、過激な改革が行われてから、指数が低下する。九〇年代初めには七〇近くまで低下

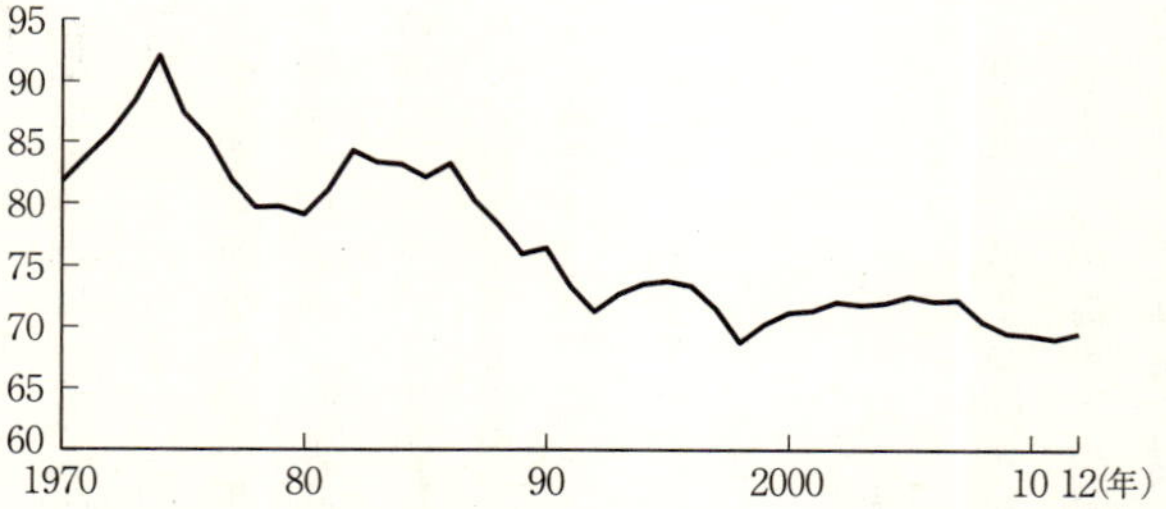

図 4-2　オーストラリアと比較したニュージーランドの一人あたりGDP(1970-2012 年)

資料：OECD ホームページ「データ・ベース」
注：購買力平価で計算したドル表示の一人あたり GDP の比率.
オーストラリアを 100 とする指数

した。最も下がった九八年には七〇を切っている。その後は多少上昇したが、〇八年の危機後、また下がり、七〇を切るようになった。クイギンが指摘するように、ニュージーランドの過激な改革は全体として成功したとはいえないのである。

ここには少なくとも二つの論点があろう(細分化すれば、さらに多くの論点を作ることができるかもしれない)。

第一の論点は政府と民間という二項対立の構図から、はみ出るものがあるということである。例えば、日本の電力会社は民間の株式会社である。しかし、電力会社は公益事業であり、実際には政府の決めた方針にしたがっている。官と民の間には、様々な中間形態があるのである。また、市場にも様々なものがある。ニュージーランドでは、郵政民営化の結果、銀行業は外資による寡占が進行する。市場一般が問題ではなく、外資による寡占が問題だったのかもしれないということである。

第二の論点は、改革が好ましいとして、ショック療法が望ましいのか、漸進的な改革が望ましいのかということである。実はショック療法は世界のいたる所で失敗を繰り返している。

その代表的な例が一九八九年のベルリンの壁崩壊後の、旧社会主義諸国の市場経済への移行である。旧ソ連と東欧諸国はショック療法によって、その経済を崩壊させた。他方、漸進的な改革を行ったのが中国である。中国は漸進的な改革によって、今や世界第二の経済大国となった。購買力平価で計算すると、二〇一四年、アメリカを抜き、世界最大となるという予測もある。筆者はこの問題について専門家ではないが、中国の漸進的なアプローチが正しかったというのは、この分野の専門家のコンセンサスといえるであろう。

2　不平等の経済的、社会的コスト

不平等が社会を荒廃させる

もう一つが格差を是認してよいのかという問題である。経済学者だけとは限らないが、今では経済的格差の経済的、社会的コストに対する研究も広く行われている。例えば、『平等社会』

(ウィルキンソン&ピケット、二〇一〇)は、豊かな国々においては、格差の拡大が大きな経済的、社会的コストになっていると指摘する。

彼らによると、格差が大きな国では、精神病や麻薬が広がる。国民の間で肥満が広がり、不健康になり、平均寿命は縮まる。人々の間の協力関係がなくなり、経済学の言葉でいう「社会的資本」が破壊される。教育レベルは低下し、一〇代の少女の妊娠が増加する。犯罪も増加する。こうして社会を荒廃させるのである。

ウィルキンソン&ピケットはその理由を社会的動物としての人間心理から説明しようとしている。生物的な必要性が満たされると、人間の欲求は社会的なものへと移る。しかし、格差の大きな社会では、底辺層は社会的な承認を得ることができない。上層は経済的には恵まれていても、ストレスが大きい。ウィルキンソン&ピケットは格差の大きな国にすむことは、底辺層にとって不幸であるだけでなく、上層にとっても不幸であると主張する。

しかし、自分の生活が満足できるかどうかが、他の人々との関係によって決まるという問題を数学モデルにしようとすると、数式を作るのが難しくなる。数式を作っても、簡単には解けないし、原理的にも解けないかもしれない。そこで、ミクロ経済学ではこうした問題を除外している。けれども、問題を除外した理論で問題が解けないのは当然ともいえよう。

経済成長という狭い意味でも、格差拡大が経済成長を損ねているのではないかという議論も、今では広がっている。格差に寛容だといわれているアメリカですら、二〇一三年の『米国経済白書』(アメリカ大統領経済諮問委員会、二〇一三)では、中間層の強化が強いアメリカ経済を作ると訴えている。もっとも、筆者はオバマ政権は対テロ問題でも強硬派であり、リベラルを標榜していても、実際はそれほどでもないと思っている。

偽りの二者選択

平等という問題について、古くから議論されてきたのは、機会の平等か、結果の平等かということである。

アメリカは格差社会であることは、今では広く知られている。しかし、アメリカは「機会の国」であるという通念がある。貧しく生まれた人々であっても、努力次第でスーパーリッチになることは可能である。

そこで、多くの人々は次のように論じてきた。こうした機会の平等がある限り、結果の平等を考慮する必要はない。逆に結果の不平等は人々の努力を刺激し、望ましいことである。日本でも、こうしたアメリカに倣って、結果の平等ではなく、機会の平等を追求すべきだという議論がなされてきた。こうした話は格差社会を正当化するために都合がよい。それだけでなく、こうした「思い込み」によってアメリカは利益を得てきた。問題はこの話が正しくないことにある。

親の経済的地位が高いと、子どもの経済的地位が高くなるという傾向はどの国でもみられることである。しかし、その程度は国によって、時代によって異なるのも事実である。世代間の階層移動とは、親の経済的地位がどの程度子どもに継承されているのかを示す指標である。すると、「機会の国」アメリカは世代間の階層移動の多い国となるはずである。

実際には、今では、アメリカは(イギリスを除く)ヨーロッパと比べても、世代間の階層移動が少ないことは、よく知られるようになっている。逆に世代間の階層移動が断然多いのは、スウェーデンなど北欧の福祉国家である。実際には、結果の平等は機会の平等を促進するのである。

こうした現象もまた、それなりに理論的に説明することができる。民主主義国は一人一票が原則である。それでも、政治には莫大な資金がかかるために、実際には少数のスーパーリッチが存在する国では、少数派である彼らの意見のほうが通りやすくなる。

例えば、バーティル(Bartel, 2008, pp. 252–282)は、アメリカ上院議員の議会における投票に際して次のことを明らかにしている。共和党議員は、自分の選挙区民の所得上位三分の一の意見を考慮し、他はあまり考慮しない。民主党議員の場合には、上位三分の一と中位三分の一を同じくらい考慮する。そして、両党ともに議員は、下位三分の一の意見を考慮しない。アメリカの金のかかる政治が金持ち支配を可能にしているといえる(この点では、日本も大差はないであろう)。

もっとも、これは必ずしも狭い意味での私的な利益を考えての結果だと考える必要はないであろう。「政治家は国民の声を聞け」という意見は抽象的には正しいとしても、政治家が国民すべての人の意見を聞くことは物理的にできない。

議員の日頃の交際相手となるのは、経済的、社会的地位の高い人々であろう。社会的偏見の効果もある。お金持ちや地位の高い人は立派な人であり、彼らの意見は聞くに値するのである。逆に貧しい人、社会的地位の低い人は議員に意見を述べる機会は乏しいし、もし機会があっても、軽視される。こうして貧しい人、社会的地位の低い人は政治的に疎外される。

スーパーリッチの政治的影響力が強まると、彼らに有利な制度も作られる。

現代社会において、子どもの将来に大きな役割をはたすのが教育であろう。けれども、現在の日本においても、親の所得が高いほど子どもの成績がよくなることもよく知られている。一般的に貧しい人々ほど、子どもの教育を疎かにするからである。あるいは教育を受けるためには、お金が必要である。子どもに優れた教育を授けたくとも、貧しい親には難しくなる。

けれども、公立学校が充実していれば、貧しい家庭の子どもでも高い教育を受けることができる。北欧諸国では大学教育も無料で受けられる。こうした北欧諸国の制度が社会の流動性を高めると同時に、高い生活水準を維持するのに役立っていることは否定できないであろう。

この点で全く対照的なのが、アメリカである。義務教育のレベルにおいてですら、貧しい地域の公立学校は、人も設備も貧弱である。さらにアメリカの名門私立大学の授業料は驚くほど高い。しかも、親が卒業生だったり、有力な政治家や経済人だったりすると、その子弟はこうした名門私立大学に優先的に入学することができる。

アメリカでは貧しい家に生まれた、成績優秀な子どもよりも、裕福な家に生まれた、勉強のできない子どものほうが大学進学率が高いということもよく知られている。ブッシュ・ジュニア元大統領はそれを象徴する例といえよう。お金持ちの子弟はスタートラインにおいて恵まれるだけでなく、結果が劣っていても優遇されるのである。貧しい家に生まれた子どもは二重にハンディキャップを背負うのである。

貧しい家庭に生まれても、優秀な子弟が高度な教育を受けられる教育制度と、無能でも、裕福な家庭に生まれた子弟が高度な教育を受けられる教育制度のいずれが、その国の発展にとって望ましいかは明らかだと筆者は思う。しかし、できが悪い子どもを持った裕福な親にとって、いずれの制度が望ましいのかも明らかであろう。

偽りの競争原理

競争は必要だという主張は抽象的には正しいであろう。日本の企業も従来のぬるま湯体質を打破しなければならないということで、成果主義が導入された。しかし、それによって大失敗を犯したのが、富士通とソニーだということは今では通説のようになっている。こうした失敗に学ぶことなく、成果主義は公務員や大学にも導入されている。なぜ成果主義は失敗するのであろうか。

そもそも、成果主義を導入した動機が問題であろう。

アメリカの住宅バブル期には、金融機関は多額の利益をあげた。成果主義の理論にしたがい、その経営者(とトレーダー)は多額の報酬を受け取った。しかし、利益があがったのはバブルの結果である。だから、バブルが崩壊すると、バブルに加担した金融機関は破綻した。ところが、金融機関を破綻させた経営者は解任された時でも、数十億円にものぼる退職金を受け取った。

そもそも、成果は本人の努力や能力だけでなく、外的要因によっても影響を受ける。正しい成果主義のためには、外的要因を除外しなければならないはずである。

したがって、正しい成果主義においては、バブル期の莫大な利益を経営者に分配することは、あってはならない。逆に経営者に要求されるのは、バブルに乗っからずに堅実に経営することである。リーマン・ブラザーズのファルド会長のように、バブルの中で危険な投機にのめり込んで、会社を破綻させた人間は経営者として失格である。だから、彼らに法外な退職金を支払うのも誤りである。逆に損失の一部を負担させるべきであろう。

アメリカ式の成果主義は正しい成果主義とはいえない。けれども、この正しくない成果主義は経営者にとっては極めて有利な仕組みといえる。

日本において、成果主義が導入されたのは、賃金引き下げの手段としての要素が強かった。経営が悪化した企業は人件費の削減を望んでいた。しかし、給与を下げるのは難しい。場合によっては、経営をそこまで悪化させた責任を、経営者は追及されることになる。けれども、成果主義の下で給与が下がるのは、経営者が無能だからではなく、給与を下げられた人が無能だからということになる。責任転嫁のシステムとして、成果主義は優れているといえる。

結局、日本でもアメリカでも、成果主義はその導入者の利益を守るために行われた。そして、その意味でならば、それなりの成果をあげたといえるかもしれない。しかし、それが企業の経営を改善させるかどうかは別である。

次に成果の測り方の問題がある。仕事には数値による評価が容易なものと難しいものがある。営業の世界でどれだけ物を販売したかは数値で管理できる。だから、昔からノルマによる管理がなされてきた。けれども、総務や人事の世界では成果を数値化できない。ところが、成果主義や目標管理制度はこうした意味のない世界でも導入されている。

もっと問題なのが創造性を必要とする仕事である。「アメとムチ」方式が機能するのは、ルーティン化された仕事であることは、よく知られている。しかし、創造的な仕事はルーティン化できない(ルーティン化できたら、それは創造的な仕事ではない)。こうした仕事にとって、重要なのは内発的な動機づけであって、「アメとムチ」ではない。

ソニーでは経営改革の結果、かつてのウォークマンのような画期的な製品が生まれなくなったといわれている。それは理論通りともいえる。

成果を一元的な物差しでは測れないということで、評価の軸を数多く設定しようという努力も生まれている。これがさらに事態を悪化させる。八〇対二〇の法則というものがある。重要な二割の仕事をやれば、全体の八割を達成できたのと同じということである。このように、仕事には重要なものとそうでないものがある。

仕事が五つあった時に、大事な一つを完成させるほうがより重要だということはしばしばあろう。しかし、評価の軸を数多くすると、一つの重要な仕事で一〇〇点をとったとしても、他がゼロ点であれば、全体としての評価は下がる。逆に些末でも一〇〇点を取りやすい仕事があれば、そちらが優先されることにもなりかねない。

そもそも、企業でも個人でも、成功する者はすべての分野で優れているわけではないし、失敗している者がすべてにおいて劣っているわけではない。経営学の本を読んでみても、企業の戦略とは何をするかと同時に何をしないのかを決めることだと書いてある。

3　いざなみ景気とトリクルダウン

輸出主導型の経済回復

本章の後半はトリクルダウンを取り扱う。

レーガノミクスが始まった時、その戦略はトリクルダウンだといわれていた。アベノミクスもまた、企業の利益を賃金上昇に結びつけるという点でトリクルダウンを図ろうとしている。

その意味でトリクルダウンが機能するかどうかは、アベノミクス全体の試金石となるものである。

それを考える上で重要なのがいざなみ景気である。そもそも日本経済は一九九〇年代以来、一貫して不況だったわけではない。特に二〇〇二年からは戦後最長のいざなみ景気があった。岡田・浜田(二〇〇九、三八〇―三八三頁)も、一九九〇年代以降の長期停滞を、九七―九八年の金融危機以前の停滞局面、金融危機以後の危機局面、いざなみ景気期の回復局面の三つに区分する。〇八年以降は第二の危機局面と回復局面ということになろう。

いざなみ景気を支えたのは輸出の拡大であった。輸出の拡大によって製造業の大企業は利潤を急増させた。アベノミクスの下では輸出は数量としては増加していないが、円安による輸出物価の急上昇により、製造業の大企業の利益が急増している。この点でもいざなみ景気はアベノミクスの先駆となっている。

図4―3は実質GDPと各項目を示したものである。ただし、いざなみ景気が始まった〇二年を一〇〇とする指数である。

図をみると、いざなみ景気を支えたのが輸出だったことが分かるであろう。当時は特に中国を始めとした東アジアへの輸出が急増した。これを指して、中国特需ともいわれていた。設備

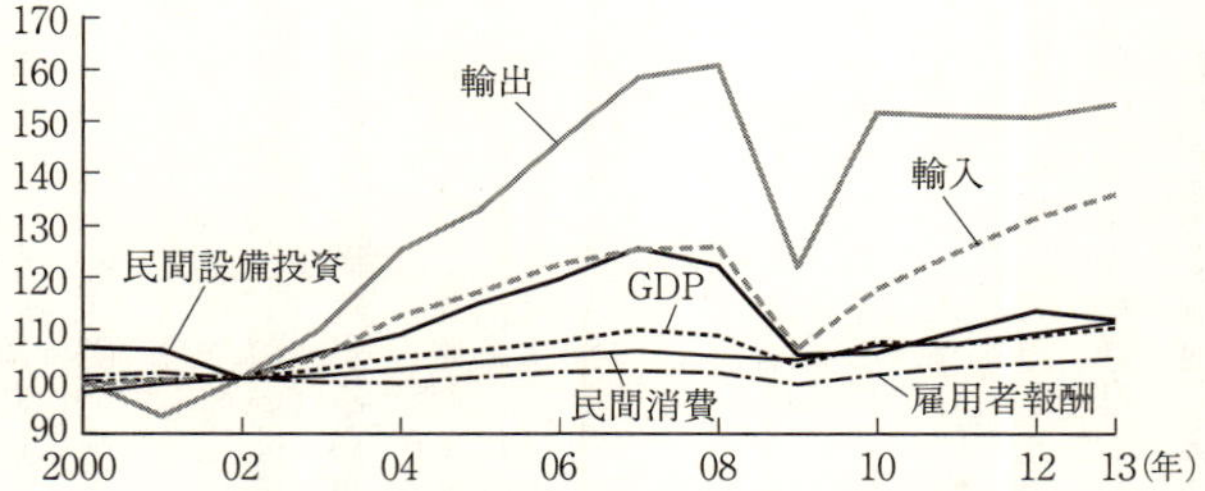

図 4-3　実質 GDP とその各項目(2000-13 年)

資料：内閣府ホームページ「国民経済計算」
注：2002 年を 100 とする指数

投資の増加も大きかった。特に輸出が増加した産業において大きかった。設備投資の増加もまた輸出の増加に支えられていた。

他方、消費の増加は低迷していた。その背後にあるのが、賃金の停滞である。戦後最長の好景気にもかかわらず、いざなみ景気の時代には、雇用者報酬はほとんど増加しなかった。一人あたりの実質賃金はむしろ低下した。多くの人々は賃金で生活をしている。賃金が増加しない状況では、消費も伸び悩むのは当然といえよう。

しかし、〇八年の世界的な危機は輸出主導型の成長を崩壊させた。九月に危機が生じた時、金融危機とは無縁の日本の危機は比較的軽微に終わると一般的には考えられていた。しかし、実際には欧米諸国よりも日本のほうが経済の落ち込みはむしろ大きかった。

その理由は輸出の急減にある。〇八年の経済危機時における世界の貿易の落ち込みは、一九三〇年代の世界大恐慌時に匹敵したといわれている。しかも日本の輸出の大部分を占めるのは、資本財と耐久消費財である。いずれも一度購入すれば、数年、あるいは一〇年以上使用が可能なものである。耐久財をすでに所有している人は、生活が苦しい時には、買い控えをする。工作機械のような資本財についても、生産が収縮している時には新たに購入する必要はない。こうして日本の輸出は他国よりも急減した。

輸出に支えられていた設備投資も急減した。経済の悪化とともに、消費と雇用者報酬も減少したが、相対的にはわずかである。

その後、世界経済の回復とともに、輸出もまた急速に回復した。しかし、かつてのピークまでは回復していない。設備投資も同様である。

一般的に景気循環は輸出と設備投資によって決まる。他方、消費はGDPの六割を占め、最大の項目である。けれども、新しい生活習慣に慣れるには時間がかかる。そのため、景気がよくなっても、人々は所得の増加に比例して、消費を増加させないのが普通である。経済が落ち込む時には、こうした性質が逆方向に作用する。したがって、消費は景気循環を安定化させる方向に働くのが通常である。

その意味で輸出主導型の経済回復自体は普通のことである。いざなみ景気の特異性は輸出主

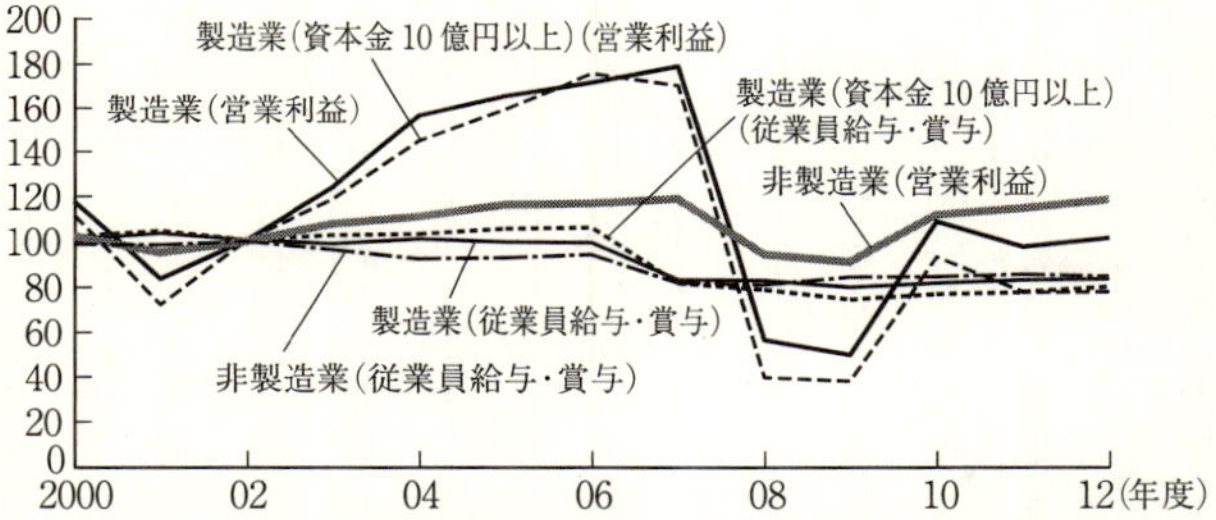

図4–4　法人企業の従業員一人あたり営業利益と従業員給与・賞与(2000–12年度)

資料：財務省ホームページ「法人企業統計調査」
注：2002年度を100とする指数．金融保険業を除く

導型の経済回復が賃金上昇と消費の拡大に結びつかなかったことにある。そのことが実感なき景気回復の原因であるとともに、世界的な危機によって貿易が急減した時に、日本経済の落ち込みを大きくしたのである。

実感なき景気回復

図4－4は法人企業の従業員一人あたりの営業利益と従業員給与・賞与を示したものである。ただし、二〇〇二年度を一〇〇とする指数である。日本の輸出の大部分は製造品である。そのため、いざなみ景気期には製造業、特に大企業の従業員一人あたりの営業利益が急増した。非製造業の従業員一人あたりの営業利益も増加していたが、製造業と比べるとそれほどの急増ではなかった。

他方、従業員一人あたりの給与・賞与は増加しなかった。むしろ減少していた。製造業の大企業では多少増加

していたが、営業利益の増加と比べるとわずかである。

アベノミクスは企業の利益が従業員の給与へとトリクルダウンすることを想定している。しかし、いざなみ景気期にはトリクルダウンは基本的には存在しなかった。製造業の大企業にはある程度存在したといえるにしても、急激な利益の拡大と比べると微々たるものでしかない。

反対に〇八年の危機は製造業、特に製造業の大企業の営業利益を急減させた。非製造業も営業利益は減少したが、それほど大きくはない。それにともない製造業の従業員給与・賞与は減少した。もっとも、一〇年度には落ち込んでいた営業利益は大きく改善し、それとともに従業員の給与も回復傾向にある。

いざなみ景気は、戦後最長の好景気だったが、賃金は低下していた。これは戦後日本が経験したことのない異常な事態だった。しかし、アメリカではこれがすでに普通の状態となっている。アメリカでは一九七〇年代半ば以降、男子フルタイム労働者の中位の実質給与が上昇していない。例外があるとすれば、九〇年代後半のITバブル期であるが、その時の賃金上昇もその後の低下によって消えている。女子は九〇年代までは上昇を続けていたが、二〇〇〇年代に入ると男子と同じく停滞している。

九〇年代以降、少なくとも〇八年の危機が起きるまでは、アメリカ経済は好調だったと一般

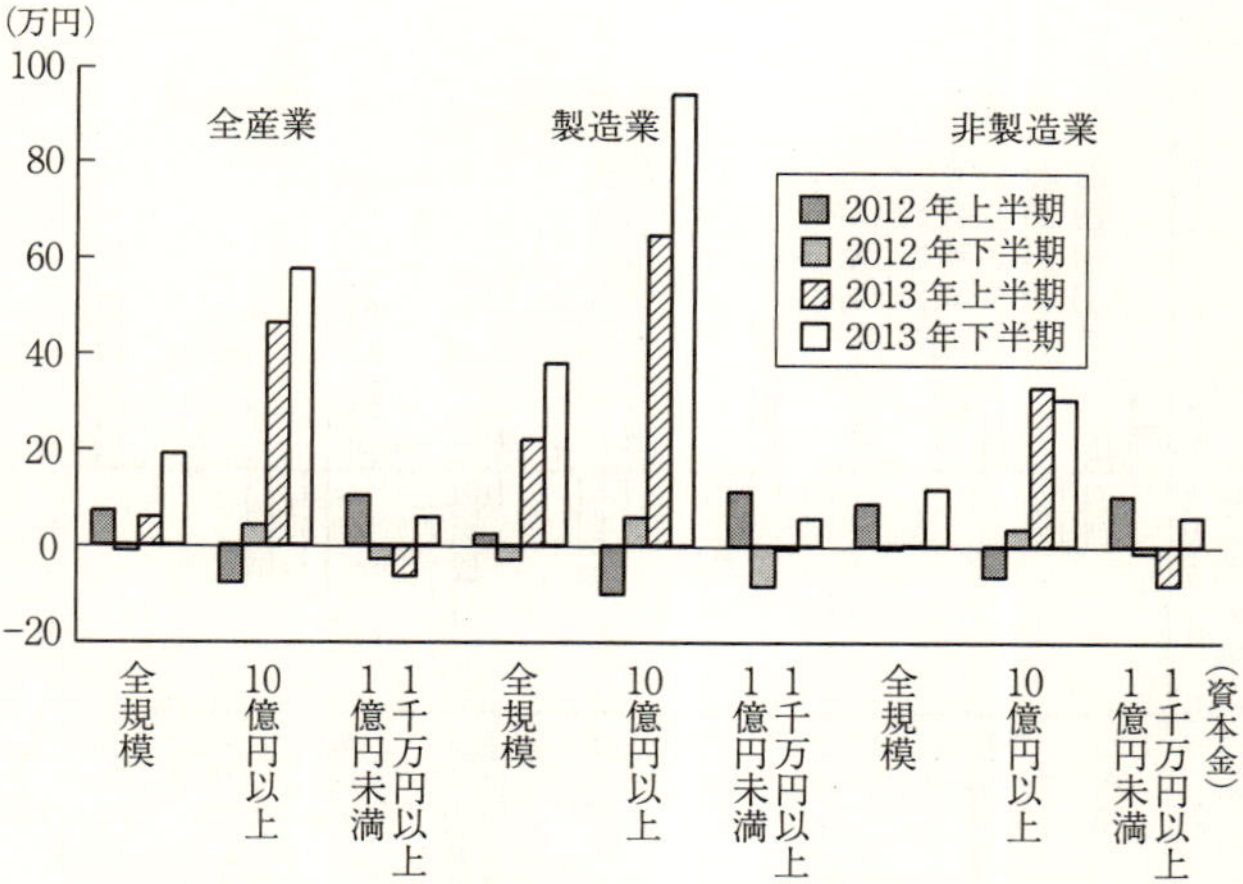

図 4–5　法人企業の従業員一人あたり営業利益の増加額

資料：財務省ホームページ「法人企業統計調査」
注：前年同期差．金融保険業を除く

的には思われている。しかし、好調だったのは一％のスーパーリッチであって、一般国民にとっては七〇年代半ばからの長期停滞が続いているのである。

我々が参照すべき例であるいざなみ景気も、過去四〇年のアメリカ経済もトリクルダウンは基本的に生じていないのである。

アベノミクスはトリクルダウンをもたらしたか

次にアベノミクスにおいてトリクルダウンが予定通り生じているかを検討しよう。図４－５は法人企業の従業員一人あたり営業利益の増加額（前年同期差）を示したものである。図から大企業、特に製造業の大企

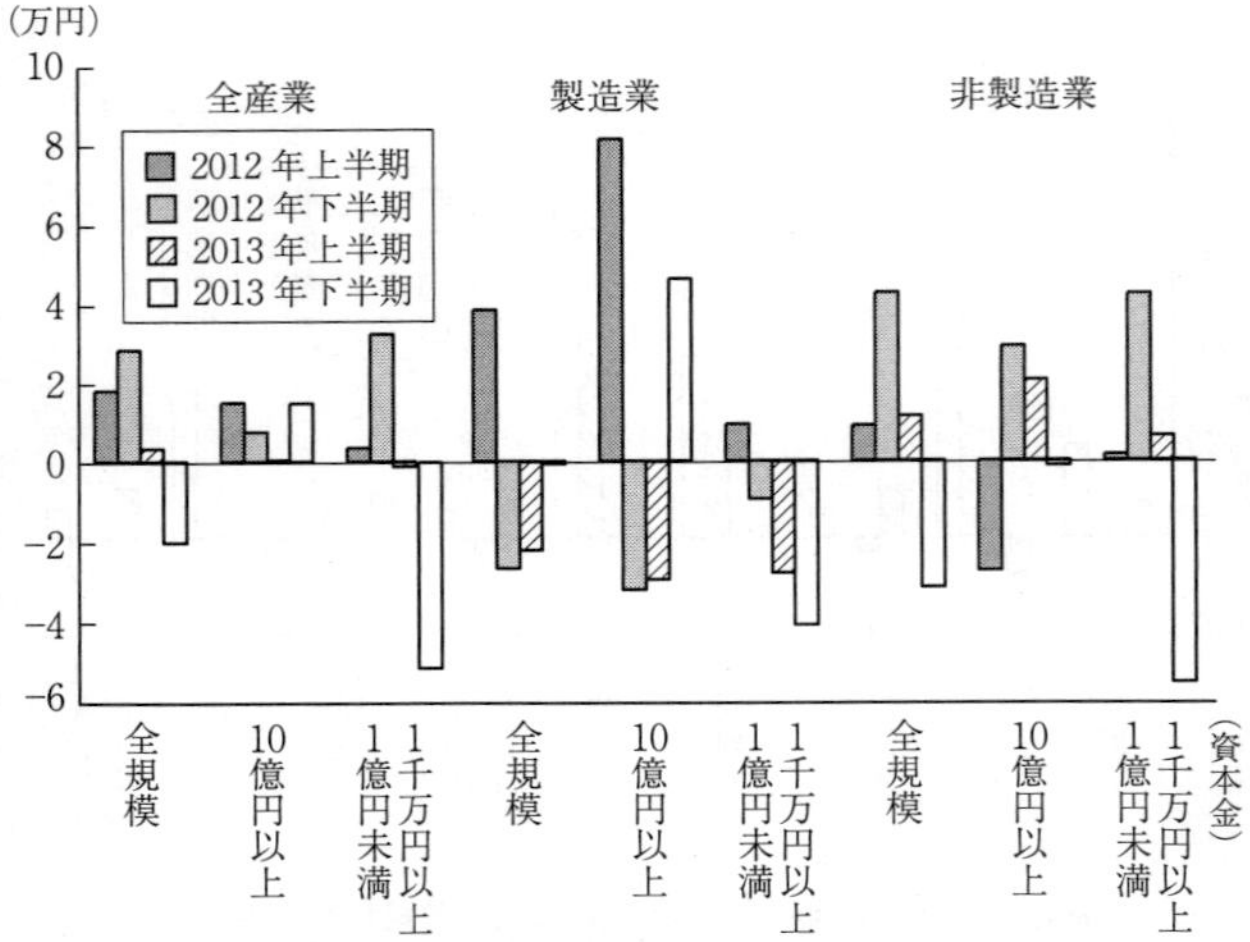

図 4-6　法人企業の従業員一人あたり給与・賞与の増加額

資料：財務省ホームページ「法人企業統計調査」
注：前年同期差．金融保険業を除く

業の営業利益が急増したことが分かる。資本金一億円未満の企業も営業利益は多少増加しているが、大企業と比べるとわずかである。

図4－6は従業員一人あたりの給与・賞与の増加額を示したものである。図をみると、給与・賞与はほとんどのカテゴリーで下がっていることが分かる。例外は製造業の大企業である。製造業の大企業では利益から賃金へというトリクルダウンが生じていると一応はいえよう。けれども、いざなみ景気と同じく、金額は極めてわずかである。

しかも、これは例外であって、基本

的にはトリクルダウンは生じていない。こうした結論もまたいざなみ景気と同じである。しかも、このデータは名目値である。この間に生じた物価上昇を考慮すれば、賃金の低下はさらに大きくなる。

また図4－5、図4－6をみると、二〇一二年には企業の営業利益は多くのカテゴリーで減少していた。けれども、給与・賞与は少なからぬカテゴリーで増加していた。つまり、給与・賞与が増加しても、それはアベノミクスの成果を直ちに意味するものではないということである。

アベノミクスから一年以上たっている現在、トリクルダウンは生じていない。いざなみ景気時にもトリクルダウンは生じなかった。レーガノミクスの時代からアメリカではトリクルダウンは生じていない。未来のことは誰にも正確なことは分からない。しかし、少なくとも現時点でアベノミクスの下でトリクルダウンが生じると信じる根拠はないといえるであろう。

いざなみ景気の劣化版

円安政策の目的は輸出拡大であった。しかし、これも今までのところ失敗している。逆に円安にもかかわらず、輸入は数量でも急増した。その結果、現在の日本の経常収支赤字が歴史的な水準となっていることは、第1章で示した通りである。

輸出が伸びないことに対する政府・日銀の公式見解の第一はJカーブ効果と呼ばれるものである。円安が進行すると、ドル建てで輸入する日本の原材料の価格が円換算では高騰する。他方、輸出は円建てが多いので、輸出価格は輸入価格よりも高騰しない。短期では輸出も輸入も数量には大きな影響がないので、結果的に貿易赤字が円建てでは拡大する。しかし、長期には数量の効果が大きくなるので、貿易赤字は減少する。

しかし、価格変動を除いた数量でみれば、小さくても輸出は増加し、輸入は減少するはずである。実際には数量でみても、貿易収支は改善していない。特に輸入は数量でも急増している。少なくともこの輸入急増はJカーブ効果では説明ができない。

第二は外国の経済の状況がよくないことである。

日本の主要な輸出先は中国を始めとした東アジア諸国とアメリカである。アメリカの経済回復が思わしくないことは事実であるが、それは以前からそうであるし、これからも当分はそうであろう。また経済成長率や輸入の増加率が低いといってもプラスであることには違いがない。中国その他の東アジアはかつてほどの高成長ではなくなったかもしれないが、他国と比べれば高成長が続いているし、輸入増加率も多くの国で高い。けれども、東アジア向けの輸出もそれ

表 4-1　品目別輸出入の増加額(2012-13 年度)

(100 億円)

	輸出増加(増加率%)	輸入増加(増加率%)	貿易赤字の増加
全　体	692(10.8)	1251(17.4)	559
食料品及び動物	8(24.8)	54(10.4)	47
食料に適さない原材料	6(5.3)	76(16.4)	70
鉱物性燃料	59(54.6)	374(15.2)	315
化学製品	111(16.9)	57(9.4)	−54
原料別製品	67(7.9)	105(19.0)	38
一般機械	105(8.3)	129(25.3)	24
電気機器	91(8.1)	229(26.4)	138
輸送用機器	156(10.4)	68(29.3)	−87
雑製品	37(9.5)	139(17.5)	102

資料：財務省ホームページ「貿易統計」

ほど大きく伸びてはいない。減少している場合もある。輸出が伸びない原因は、外国だけにあるのではない。

さらに、経済が拡大すれば、輸入も拡大するのは当然である。しかし、現在の日本の場合、経済成長率はそれほど高くなく、円安が進んだのに、輸入が急増している。この輸入急増もまた問題であろう。

表4-1は二〇一二—一三年度の輸出入の増加を品目別に示したものである。

一一年の東日本大震災以来、日本では原発が稼働停止となり、鉱物性燃料の輸入が急増した。それが日本の巨額の貿易黒字を赤字へと変えるのに大きな役割をはたしたといわれている。一三年度の鉱物性燃料の輸入も増加している。しかし、鉱物性燃料の輸入増加は全体の増加の三分の一程度であり、その増加率は全体の増加率よりも低い。

表 4-2　地域別輸出入の増加額(2012-13 年度)

(100 億円)

	輸出増加(増加率％)	輸入増加(増加率％)	貿易赤字の増加
世　界	692(10.8)	1251(17.4)	559
アジア	350(10.0)	564(17.7)	215
中国	213(14.6)	325(21.0)	112
アジア NIEs	113(10.7)	77(12.8)	−37
ASEAN	18(2.1)	146(15.0)	128
中東	36(16.3)	246(17.8)	210

資料：財務省ホームページ「貿易統計」

注：香港とマカオは中国に含む(香港はアジア NIEs には含まない)．シンガポールは NIEs に含む(ASEAN には含まない)

他方、輸入増加の三分の二を占めるのが、製品輸入である。日本の輸出品の中心であり、国際競争力が強いはずの一般機械、電気機器、輸送用機器だけでも、輸入増加の三分の一を超える。増加率でも二五％を超えている。しかも一般機械、電気機器では、輸入の増加のほうが輸出の増加よりも大きくなっている。日本の国際競争力が強いと思われていた分野で輸入が急増しているのである。表４－２は輸出入の増加額を地域別に示したものである。

中東地域からの輸入増加は率では平均並みで、額では全体の二割程度にすぎない。他方、中国とＡＳＥＡＮからの輸入増加額をあわせると、中東からの輸入増加額の二倍近くになる。中国からの輸入増加率は平均を大きく超える。ＡＳＥＡＮからの輸入増加率は平均以下であるが、ＡＳＥＡＮへの輸出増加率は著しく低いので、対ＡＳＥＡＮの貿易赤字は急増した。他方、アジアＮＩＥｓからの輸入増加はそれほど大きくなく、しかも金額では輸出増加のほうが上回っている。

このことから、輸入増加の大きな要因はアジアの新興国からの製造品の流入だということが分かる。

円安にもかかわらず、輸出は思ったようには増加しない。逆に日本の主力輸出品の輸入が急増している。輸出不振が円高にあるという前提を疑うべきであろう。

通貨の切り下げが貿易赤字を解消させられなかった重要な先例が、一九八〇年代後半のアメリカである。

八〇年代前半、アメリカはレーガノミクスの高金利政策によるドル高と、巨額の財政赤字によって多額の貿易赤字を作り出した。それがドル危機を招くのではないかと恐れた各国通貨当局は、八五年九月、ニューヨークのプラザホテルで歴史的な会議を行った。そこでは、協調的なドル安政策を図ることが決められた。当時は特に日米の貿易不均衡が顕著であったために、それは事実上、円高を意味していた。

二三〇円台だった円ドル相場は一年後には一五〇円台のドル安となった。けれども、アメリカの貿易赤字は改善しなかった。当時のアメリカは製造業の空洞化が進んでいた。逆に自動車産業に代表される日本の製造業は強力であった。そのために、急速な円高も日米貿易不均衡を解決することができなかった。

現在、空洞化が進んでいるのは日本であり、強力な製造業を持っているのは、中国であり、ＡＳＥＡＮ諸国である。かつての日米間の問題が、場所を変えて再現しているのである。

いざなみ景気は輸出拡大によって、戦後最長の好景気を作り出した。他方、アベノミクスは円安によって、製造業の大企業の利益を急増させたが、数量の上では輸出は伸び悩み、輸入は急増した。経済成長率も低迷している。いざなみ景気は戦後最長の好景気にもかかわらず、賃金は低下した。この点はアベノミクスの下でも同様である。

これまでのところ、アベノミクスはいざなみ景気と悪いところは同じであり、よいところでは遥かに及ばない。この意味でアベノミクスはいざなみ景気の劣化版だといえよう。

4　新自由主義型の停滞

新自由主義は成功しているのか

本書でも明らかにしたように、二〇〇〇年代の日本経済の成長率は、一人あたりでみれば、アメリカにも決して劣っていない。就業率のパフォーマンスでは遥かに上回る。このことは、一九九〇年代に始まる長期停滞とは一体のものとして考えることはできないことを示している。九〇年代の停滞の原因は、バランスシート不況と金融システムの機能不全で説明できるであろう。そのクライマックスが九七―九八年の金融危機であった。しかし、金融システムの問題は二〇〇〇年代に入ると収束する。逆にバランスシート不況は、現在、アメリカとヨーロッパの多くの国が経験するところである。

二〇〇〇年代の日本には戦後最長のいざなみ景気があった。しかし、いざなみ景気期には、企業、特に製造業の大企業が好業績をあげていたにもかかわらず、賃金は停滞、もしくは低下していた。日本では戦後初めての事態であるが、これは新自由主義レジームの下ではむしろ常態である。すでにアメリカでは普通の労働者の賃金は四〇年にもわたり長期停滞を続けている。

〇八年の危機後も、アメリカでは企業の利益と株価は比較的速やかに回復した。他方、労働面の回復は遅い。こうした結果は、三〇年代のアメリカの大恐慌期とも、九〇年代の日本のバブル崩壊後とも対照的である。アメリカの株価(ダウ・ジョーンズ工業株価平均)が大恐慌前のピークを超えるのは五四年のことであった。消費者物価で調整すると、大恐慌前のピークを超えるのは、五九年となる。日本の株価は未だにバブル期の水準から遥かに低い水準である。

アベノミクスの重要な最終目標の一つは賃金の上昇であろう。しかし、アメリカ・モデルにしたがって、企業の業績が回復したとしても、賃金上昇に結びつくとは限らないことは、他ならぬアメリカ自身が示している。円安が止まったこれからは、製造業の大企業の利益回復ですら、今までのように続くかどうかも疑われる。

アメリカに限らず、新自由主義による過激な改革は世界の各地で様々な弊害を生み出し、批判を浴びてきた。ニュージーランドは過激な改革の結果、オーストラリアの後塵を拝するようになっている。そもそもアメリカ自身も、日本と比べて成功しているとはいえない。

最終的に〇八年の危機が新自由主義にとどめを刺したようにみえた。自由な金融市場が引き起こした危機を、とりあえず解決したのは政府による金融機関の救済だったからである。もし新自由主義の原則にしたがって、政府は市場に一切介入すべきでないとするならば、〇八年の危機は大恐慌の再来をもたらしたことであろう。

それだけでなく、アメリカ政府は金融機関に対する救済プログラムを利用して、自動車会社(GMとクライスラー)を救済している。日本航空が破綻した時には、日本政府はこれを救済している。これもまた市場主義の原則違反である。実際、ライバル会社の全日本空輸は、競争条件を歪めるとして、日航の救済に反対した。

それにもかかわらず、旧社会主義国の崩壊以後、我々の選択肢は市場しかないと思われるようになった。そして、中国とインドの著しい成長は市場自由化政策の正しさを証明したようにもみえる。

しかし、クイギン(二〇一二、四六—四七頁)は、中国とインドの成長は市場自由化論者の掲げる理想とはほど遠いと論じている。ロドリック(二〇一四、一七八—一八五頁)は、中国はハイパー・グローバリゼーションのルールではなく、ブレトンウッズの管理された資本主義のルールにしたがっていると論じている。彼らは両国の成功は新自由主義の成功ではなく、戦後的な管理された資本主義の成功であり、かつての日本型の資本主義の成功であり、国家資本主義の成功だと述べているのである。

現在の経済は市場なしでは運営できないであろう。そして、一度、市場の役割を認めるならば、何人もこの神聖な市場に介入してはならない。だから、市場が失敗しても、我々はその失敗を甘受しなければならないのである(もっとも、建前と本音が異なるのは世の常であって、〇八年の危機を例外としなくても、政府はしばしば市場に介入してきた)。

こうした知的なフレームワークが維持される限り、数々の失敗にもかかわらず、新自由主義の政策は生き残るのである。

終章　失敗から学ばない愚か者は同じ失敗を繰り返す

これらの危機（東アジア通貨危機とサブプライム金融危機——引用者）は予想不可能だったのではなく、予想に失敗したからこそ起きたのである。経済学者（そしてそれに耳を傾けるすべての人）はその時の最も好まれる物語を過剰に信じすぎている。市場は効率的で、金融革命によってリスクは適切に配分されるようになったとか、自己規制が最善に働くとか、政府の介入は非効率で有害だとかいった物語である。全く別の方向を向いた、いくつもの物語の筋があることを彼らは忘れていた。傲慢は盲目を生む。

（ロドリック、二〇一四、一一〇頁）

1　二〇〇八年の危機と経済学の敗北

危機は予想されていた

終章冒頭の引用はロドリックからのものである。彼は一九九七―九八年の東アジア通貨危機と同じく、サブプライム金融危機もまた予想ができなかったのではなく、単に予測に失敗したにすぎないと論じる。彼がいうように、危機が一度起こった後では、危機の教訓は非常に単純なものであり、すでに知られているものである。

金融危機が同じことの繰り返しにすぎないことは、キンドルバーガー(二〇〇四)やガルブレイス(一九九一)がすでに指摘するところである。ところが、金融危機の記憶は速やかに忘れ去られる。記憶を忘れた人々は、新時代が到来したと信じ、過去の法則は現在には通用しないと考える。過去を忘れた人々が同じ失敗を繰り返しているのである。

例えば、二〇〇五年、ラジャンは証券化は金融リスクを軽減させていない、逆にリスクは高まっているという報告を行った。

この報告の討論者だったのは、当時のFRB副議長コーンである。彼は個々の金融機関がリスクを高めたからといって、システム全体のリスクが高まったことにはならない。リスクと資金の供給源が分散された結果、経済全体のリスクは低下していると反論した。さらに、日本のような遅れた銀行中心型の金融システムの下では、一五年間金融システムを回復させることができないでいるが、証券市場中心型のアメリカでは、日本のようなことは起きないと述べた。

それだけではない。アメリカを代表する経済学者の一人であり、財務長官を務めたことのあるサマーズは、ラジャンの報告をラッダイトのようだと評した(ラッダイトは一九世紀初頭のイギリスで、機械が職を奪うことに反発した労働者が起こした機械打ち壊し運動)。

当時のサブプライム住宅ローン関連証券は、住宅価格が上昇することを前提としていた。価格が上昇した住宅を売却すれば、利子も含めて住宅ローンを回収できた。売却しなくても、価格が上昇した住宅を担保にして、新たにローンを借り換えれば、過去のローンを返済できた。しかし、こうした仕組みは住宅価格の上昇が止まれば、破綻する。

よく考えてみれば、こうした仕組みが最終的に破綻することは、〇八年以前の人々にも理解できたことである。しかも、一九八〇年代後半の日本のバブル期でも、同じ仕組みが作られ、同じく破綻している。アメリカの金融システムは日本とは違うと信じた人々によって、日本の危機が繰り返されたのである。すなわち、キンドルバーガーやガルブレイスのいう通りのことが今回の危機でも繰り返されたのである。

証券化がリスクを分散させていたというコーンの主張も誤りだった。実際には証券を買っていたのは、別の金融機関である。証券化によって、金融機関は狭い「金融ムラ」の中で互いにリスクを押しつけ合っていたにすぎない。逆にリスクを押しつけ合ったことによって、一つの金融機関(例えば、AIG)の破綻が、他の金融機関の破綻の連鎖を呼び、金融システム全体を崩壊させることになったのである。これもデータを冷静に分析すれば、分かったことである。

しかし、危機の前はこうしたことは忘れ去られていた。

バーナンキは金融危機から何を学んだのか

二〇〇八年の金融危機の後、イギリスのエリザベス女王が経済学者たちは何をしていたのかと問いかけたことは有名な話である。バーナンキを始めとしたFRB関係者たちだけでなく、ヨーロッパの中央銀行家も、危機が本当に生じるまで危機を否定し続けていた(地主ほか、二〇一二参照)。エリザベス女王の疑問は素朴だが、もっともな疑問である。

バーナンキ(Bernanke, 2011)は危機の後、二〇一一年のボストン連邦準備議会での講演で、危機の教訓として次のように述べた。危機の前、中央銀行とアカデミックの経済学者の間には、金融政策に大まかなコンセンサスがあった。それは中期的な物価の安定性に強いコミットメントを示すことと、中央銀行の政策目標と経済予測に関する高い透明性によって特徴づけられる。それはしばしば柔軟なインフレ・ターゲットと呼ばれる。

他方、金融の安定性は無視されていたわけではないが、その重要性は減じられていた。しかし、危機の教訓は、中央銀行は金融の安定性を同じくらい重視しなければならないということにある。

彼が述べていることは、その通りである。しかし、講演では彼が柔軟なインフレ・ターゲット論者の代表的な存在であったことには触れていない。みんなの責任にすることによって、自分の責任を曖昧にしているのである。

また、危機の前、FRBは、金融政策はバブルを無視すべきである。バブルが崩壊した時に、金融を緩和すれば、経済は速やかに回復するからそれで十分だと論じていた。その理論的根拠を提供していたのが、バーナンキである。危機後の教訓はこの後始末戦略が機能しないことを示している。

さて、現在では経済学も細分化され、一人の経済学者がすべての経済領域で専門家というわけではない。バーナンキの専門は一九三〇年代の大恐慌の研究である。

経済学の専門家ではない多くの読者は、二九年一〇月の株価大暴落が大恐慌の原因だったと思っていることだろう。しかし、大恐慌の研究家の間ではそれは多数派とはいえない。多数派の説では、大恐慌の原因は当時のＦＲＢが金融を緩和させずに、デフレを放置したことにある。バーナンキもこうした多数派を支持する一人である。

この大恐慌論は、バブルが崩壊しても、金融政策が正しく行われれば、経済は速やかに回復するというバーナンキ・モデルと整合的である。バーナンキは九〇年代以降の日本の長期停滞についても、その原因は日銀が金融を緩和させずに、デフレを放置していることにあると主張した。そして、日本のリフレ派はこのバーナンキの主張を受け継いでいる。

しかも二〇〇〇年代のアメリカの住宅バブルは、二〇年代のアメリカや八〇年代後半の日本で生じた巨大なバブルと比べると遥かに小さい。そもそも住宅バブルの全盛期に、バブルではなく、フロス(小さなバブル)といったのは、バーナンキの前任者のグリーンスパンであった。その小さなバブルが崩壊して、長期停滞が生じることはあり得ない。

けれども、二〇年代のアメリカでも、八〇年代後半の日本でも、金融不安定性を作り出したのは、バブルであった。バブルの中で人々は、借金をして株や土地を購入した。それがさらにバブルを拡大させた。こうしてバブルと金融不安定性の悪循環が作られた。そして、バブルが崩壊するとともに、金融危機が生じることとなった。中央銀行は金融不安定性を注視すべきであるという教訓は、世界大恐慌の教訓であり、日本の長期停滞の教訓でもあったのである。要するに、〇八年の危機は、バーナンキの大恐慌論と日銀批判を問い直しているのである。一一年のバーナンキの講演はこのことにも触れていない。

しかも、アメリカの住宅バブルの最中に、家計はバブルの中で返済できない負債を蓄積させているのではないかという警告があった。ところが、この指摘を知りながら、それに反論していたのが、バーナンキとグリーンスパンであった。逆にグリーンスパンの下で、FRBは低金利政策と金融の規制緩和によって、金融不安定性を拡大させていた。

さらに、〇八年の危機の最大のエピソードはリーマン・ブラザーズの破綻であった。金融機関の破綻処理はFRBの仕事ではないとして、バーナンキは破綻を容認したことを正当化する。原則論としてそれは間違いとはいえない。けれども、それならば、大恐慌の時の銀行破綻も、日本の銀行危機も、当時のFRBや日銀の担当ではなかったはずである。

このように、〇八年の危機はバーナンキに代表される経済学が何重にも間違っていたことを示しているのである。

2　ゾンビ経済学

二〇〇八年の危機を引き起こした経済学

クイギン『ゾンビ経済学』(二〇一二)は、二〇〇八年の金融・経済危機を作り出した経済学を取り上げ、批判した。彼がいうゾンビ経済学とは、大緩和時代(『ゾンビ経済学』では大中庸時代と訳されている)、効率的市場仮説、DSGE(動学的一般均衡)モデル、トリクルダウン、民営化の五つである(英語の原著には経済を拡張させる緊縮財政もある)。

けれども、ゾンビ経済学は、フリードマンに代表される現在の主流派経済学とその政策フレームワークの派生物であることを忘れてはならないであろう。それは、市場は効率的であるから、政府は市場への介入を極力避けなければならないというものである。ただし、物価は例外であって、これは金融政策によって安定化されなければならない。

すると、金融政策が物価を安定化させれば、景気循環はなくなるから、大緩和が生じることになる。実際にも、バーナンキが、大緩和時代は物価の安定化に成功した金融政策の成果だと論じていたことは先述した通りである。しかし、〇八年の金融崩壊によって大緩和時代は終焉する。

投資家は自分の購入した株の価格が上昇すれば利益を得ることができる（逆に下がれば、損失を被る）。そのため、投資家は将来を予想して株式投資を行う必要がある。そして、ある企業の利益が将来急増するという情報が現在利用可能であるとするならば、投資家はその企業の株を購入するから、現時点で株価が急上昇するであろう。そのことから、効率的市場仮説は、株価はその時点で利用可能な情報をすべて含んだものとなると主張する。

DSGEモデルは、合理的に将来を予想する個人の仮定を、金融市場だけでなく、経済全体に適用し、モデル化したものである。

すると、二〇〇〇年代前半にバブルと返済不可能な負債が拡大し、それが将来、金融機関を破綻させることが予想されていたら、投資家たちはこうした金融機関の株を購入しなかったであろう。金融機関も将来返済できなくなる住宅ローンを家計に貸し出さなかったであろう。こうしてバブル、さらに金融崩壊は、市場の力によって事前に食い止められたことになる。

トリクルダウンと民営化もまた、主流派経済学のフレームワークからの派生物である。市場経済において、競争が行われれば、勝者と敗者が生まれるであろう。けれども、勝者が富を蓄積すれば、その富は貧しい人々にも行き渡る。市場が合理的であり、政府が非効率であるならば、政府の仕事を民営化すれば、経済が効率的に運営できるようになるのは、自明のことである。

しかし、〇八年の危機を引き起こしたのは民間の金融機関であり、危機を一応収束させたのは、政府による金融機関の救済であった。こうして、〇八年の危機はゾンビ経済学を死滅させたかにみえた。

ところが、アベノミクスによってゾンビ経済学は復活した。金融緩和による日本経済の復活というシナリオは、大緩和時代の再現を目指しているといえる。輸出拡大によって製造業の大企業に利益を拡大させ、それを賃金上昇に波及させるというシナリオはトリクルダウンそのものである。民営化(と規制緩和)は成長戦略の中心といってよいであろう。

効率的市場仮説とDSGEモデルの復活は微妙な問題である。現在の日本では金融の規制緩和は大きな政策課題ではない。またDSGEモデルは抽象的な経済モデルであり、そこから直ちに何らかの政策が生まれるわけでもない。けれども、市場の効率性を追求するというように話を一般化すれば、それは成長戦略の中心課題である。TPPにおいても、貿易だけでなく、対外・対内投資の自由化を対象としている。その意味では金融の自由化政策の一環だともいえる。ただし、アベノミクスは緊縮財政だけは採用しなかった。

ゾンビ経済学が復活するのは、経済学と経済政策のフレームワーク自身にある。〇八年の危機後、従来の経済学に対する批判が広がった。例えば、一〇年の『リアル・ワールド・エコノミック・レビュー』のブログにおける経済学者の投票において、金融危機に責任がある経済学者のランキングは、第一位がグリーンスパン、第二位がフリードマン、第三位がサマーズである。アメリカの金融市場の規制緩和を支持してきた経済学者が上位を独占しているのである。

その反面、従来の経済学と経済政策のフレームワークも生き残っている。それを象徴するのが、一三年のノーベル経済学賞であろう。効率的市場仮説に対して重要な貢献をなしたファマと、効率的市場仮説に批判的なシラーが同時に受賞したのである(その他にハンセンも受賞している)。

ゾンビ経済学はなぜ復活するのか

経済学は異常な経済の状況に気づかず、あるいはそれを隠蔽することによって、二〇〇八年の危機に大きな役割をはたした。前著『新自由主義の帰結』(服部、二〇一三、一六八―一七三頁)では、その具体的な手法として以下の四点をあげた。

1　危機が本当に明らかになるまで危機を否定した。
2　経済現象は多面的であり、失敗の唯一の原因というものはおそらくないであろう。それを利用して、成果を自分の手柄とし、失敗の責任を他に押しつけた。
3　多数派の力によって、失敗を犯しても、自らの責任を免責している。
4　政治的に有力な集団と結びつき、その利益を擁護した。

現在の異次元緩和も実際にはそれほどの成果をあげていないことは、第1章で示した通りである。この異常事態に気づかないとともに、それを隠蔽しているのは、政府・日銀であり、彼らに加担する経済学者である。逆に異次元緩和によって日本経済が復活を遂げていると思い込ませている。

そして、細部を修正すれば、その手法も同じといえる。その理由が、同じ理論から同じ欠陥が生じているためなのか、人が間違いを隠蔽する手法には共通性があるだけなのかは、判断の難しい問題である。

第一に同義反復によって、「危機が生じるまでは危機は生じない」のと同じく、「成果がでるまでは成果はでない」。政策が効果を発揮するまでには時間がかかる。だから、政策に効果がみられない時には、それは一時的だと主張することによって、政策の失敗を隠している。「まえがき」で書いたように、雨乞いも雨が降るまで続ければ、雨を降らせることができよう。運がよければ、金融緩和も長く続けると、経済を回復できる。金融緩和を続けなくても、運がよければ、経済は自立的に回復するからである。その意味では彼らには勝機もある。

第二の歪んだ政策評価に関しても、第1章で詳しく論じた。政府・日銀は異次元緩和の前の好調な経済は異次元緩和の成果であると主張する。他方、異次元緩和後の低迷する経済は異次元緩和の失敗を意味しない。雨が降るのは雨乞いの成果であるが、雨が降らないのは雨乞いの失敗ではない。こうした歪んだ政策評価によって、彼らは政策効果があったかのように思わせているのである。

第三に、定義によって主流派は強力であり、異端派は弱小である。したがって、政策が正しく行われているかどうかは、リフレ派の経済学に基づいて、判断されることになる。こうして政策が失敗しても、免責される。

第1章で明らかにしたように、アベノミクス前の日本経済は、欧米諸国と比べても、その回復は遅れていない。逆に異次元緩和開始後の経済成長率は、低迷している。ここから生じる自然な疑問は、異次元緩和には効果がないのではないのかということであろう。

しかし、黒田＝岩田日銀の下で経済成長率が低迷していても、単に無視される。低迷していることを認めても、その対策は追加の金融緩和となる。雨乞いで雨を降らせることができないならば、もっと強力な雨乞いを行えばよいのである。こうして雨乞い師の失敗は免責される。そして、異次元緩和に政策効果があるのかという根本的な疑問は、無視される。

けれども、政策は手段であって、目的ではない。政策に効果がないから、政策を拡大させるというのは、手段の自己目的化であり、病理現象である。

第四に経済政策は政治の一環である。力の強い少数者を利する政策は、しばしば政治的には有効な政策であろう。

現在のアメリカの政治を動かしているのは、ウォール街の金融業者であるといわれている。アメリカの政策担当者と経済学者は彼らの利益を守ることによって、その影響力を確保している。

日本において、強力な少数者とは輸出関連の製造業の大企業である。世論調査をみても、大多数の国民は、アベノミクスによる経済回復の実感はないと答えている。第1章で示したように、経済データによっても、家計の状況が悪くなっていることは明らかである。しかも、国民の大多数は今後も賃金上昇が見込めないと答えている。筆者もそう考えている。

けれども、円安による輸出価格の上昇の結果、製造業の大企業の利益は急増した。それが本当に異次元緩和の成果だったのかは別として、有力な少数者の利益は結果的には守られた。

こうして政策は続くのである。

これからの経済学の課題

クイギン（二〇一一、二七〇―二七二頁）は二一世紀の経済学が留意すべきこととして、「厳密性よりも現実性を重視」「効率性よりも平等性を重視」「傲慢さよりも謙虚さを重視」の三点を訴えている。これもまた現在の経済学の進むべき方向を示していると筆者は考える。

最初と最後は一体である。経済学の非現実性は、昔からよく批判されることであった。もっとも、単純化しないような理論は存在しない。経済学者は単純化された理論は、古典物理学の教科書において、摩擦や空気抵抗を無視するようなものだといってきた。けれども、古典物理学の教科書の世界だけでは、エンジニアが物を作ることはできない。摩擦や空気抵抗を無視して新幹線を作ろうとするエンジニアはいないであろう。

経済政策の場合にも、摩擦や空気抵抗（にあたるもの）を無視して行うことはできないであろう。そして、摩擦や空気抵抗がどれだけ存在するかは、抽象的な理論の問題ではなく、実証の問題となる。ところが、実際の経済政策の立案の際には、こうした実証の問題はしばしば軽視されてきた。実際、ＩＭＦが途上国に押しつけてきた構造調整は「ワン・サイズ・フィッツ・オール」（一つの正しい理論から導かれた画一的な政策をすべての国に適用しようとすることを意味する）だと、しばしば批判されてきた。

そして、改革が失敗した時には、他に責任を押しつけて、責任を回避しようとする。失敗の原因を逆に改革の不徹底さに求めたりもする。異次元緩和にもかかわらず、経済が低迷しているのをみると、失敗を認めるのではなく、さらなる異次元緩和を求める。こうして失敗を覆い隠すことによって、無謬の経済学の権威を維持しようとする。

多くの人はこうした態度を傲慢だと感じるであろう。傲慢さは性格の問題ではなく、知的な問題なのである。

残るのが、平等の問題である。一般論として経済的不平等に経済的、社会的コストが存在する場合には、それを無視することはできないといえる。

新自由主義型停滞の問題を考える必要もある。平均所得が年率二％で成長することは、すべての人の所得が二％で増加するということを必ずしも意味しない。全体の所得の四割を占める一％のスーパーリッチの所得が年率五％で増加すれば、残りの九九％の人々の所得が停滞していても、その国の平均所得は年率二％で増加したことになる。しかし、九九％の人々の所得が停滞している経済が成長しているといえるのであろうか。

さらに、すべての政策は分配政策である。円安政策にしても、輸出価格が上昇することによって、輸出産業は利益を得る。逆に国内産業については輸入原料などのコストが増加する。これを完全に製品価格に転嫁できない場合には、その分だけ利益が圧縮される。製品価格に転嫁されると、その分だけ家計が損失を被るであろう。結果的に家計と国内産業から輸出産業へと利益が移転されるのである。

けれども、輸出が数量として増加すれば、国内の生産が活発化する。競合する輸入製品の価格が上昇し、輸入が減少することによっても、国内の生産は活発化する。すると、雇用も増加し、家計も利益を受ける。このようにして、国民みんなが利益を受けるということで、円安政策は実施された。しかし、二〇一二年一一月の頃と比べると大幅な円安が実現したが、輸出は増加しなかった。逆に輸入が増加している。

日本では輸入のほうが輸出よりも大きいから、数量に変化がないとするならば、円安になるほど、円で換算した貿易赤字は大きくなるはずである。実際には輸入のほうが増加率が大きいので、円安による貿易赤字の拡大はさらに大きくなるはずである。

間接効果まで考えれば、さらにマイナス効果は大きくなろう。輸入インフレによって実質所得が削減された消費者は実質消費を削減するであろう。一三年後半にはそれが現実化している。利益を得た製造業の大企業が、この消費削減以上に投資を拡大させないと、全体として需要は収縮することになるのである。

しかし、輸出企業に所得をシフトさせるという分配政策としては、有効に機能した。もちろん、多くの国民はこうした形の分配政策には反対するであろう。だから、成長政策に偽装することが必要であり、それによって国民の抵抗を受けることなく政策が可能となるのである。

3　学ぶことは未来を作ることでもある

大きな一歩なのか足踏みなのか

昔、ソ連の崩壊が近づいていた時に、次のようなブラックジョークが流行したそうである。「同志諸君、われわれは崖っぷちにいたが、いま大きな一歩を踏み出したところだ!」(サックス、二〇一二、二九五頁)。このジョークが示すように、ソ連(と東欧諸国)はショック療法という大きな一歩によって、その経済を崩壊させた。

けれども、ショック療法に対する批判も根強くあった。今では穏健な改革を行った中国のほうが正しかったということは、この分野の専門家の間ではコンセンサスといえると思う。

二〇〇〇年代、崖っぷちにいたのはアメリカ(と一部のヨーロッパ諸国)であった。アメリカでは住宅バブルの中で、家計が実際には返済不可能な住宅ローンを拡大させていた。それに対する警告の声もあがっていた。しかし、バーナンキを始めとするアメリカの政策当局はバブルも家計の過剰負債も否定した。バブルが崩壊してからも、バーナンキは金融危機が本当に生じるまで、その危険性を否定し続けた。

〇八年九月、リーマン・ブラザーズが破綻した。それまで崖っぷちに進んでいたアメリカの政策当局は、さらに大きな一歩を踏み出した。リーマン・ブラザーズの破綻を容認することによって、アメリカと世界の経済を崩壊させたのである。

現在の日本経済もまた、崖っぷちにいる(二〇年以上そうだったとも思われている)。そうした中で、黒田＝岩田日銀は大きな一歩を踏み出したと自称している。もちろん、意味はこれまでの例とは反対である。ところが、本書が示すように、その成果は未だに現れていない。いわば足踏み状態である。

しかし、こうした結果はケインズの『一般理論』を読めばすぐに理解できることである。また金融政策の有名な格言として、「ひもで引っ張ることはできるが、押すことはできない」というものもある。浜田自身がいうように、そもそも日本において、異次元緩和に反対する経済学者は多い。そうだとすると、異次元緩和もまた当たり前のことを再確認するだけだったということになる。

経済学と経済政策は様々な失敗を繰り返してきた。しかし、経済学は多様である。失敗に対する警告もまた、繰り返されてきたのである。それにもかかわらず、失敗が繰り返されるのは、失敗した人々が失敗を隠蔽し、記憶を忘却させるからである。二〇〇八年の危機で死に絶えるはずだったゾンビ経済学も、よみがえった(よみがえっているのは日本だけではない)。だから、過去を学ぶことは我々の未来を作ることなのである。

あとがき――政治のレトリックと経済の現実

最古の職業というジョークがある。

医師が言った。「神が人間にされた最初のことは何であったか? それは手術だ。神はアダムから抜き取ったあばら骨でエバをつくられた。医者がいちばん古い職業だね」「いや、ちがう」建築家が言った。「神が最初にされたのは世界の創造だよ。混沌から秩序あるものをつくられたのだ。それは建築家の仕事。建築家こそ世界一古い職業だね」それまで辛抱強く耳をかたむけていた政治家が、ニヤッと笑って、こういった。「その混沌をつくったのは誰だね?」

(チャン、二〇一〇、二九六頁)

現在、日本にも世界にも様々な混沌が渦巻いている。そのすべてを政治家が作り出したとはいえないであろう。民主主義政権だけでなく、いかなる独裁政権といえども、それを支持する人々がいる。特定の政治家個人に日本と世界の混沌の責任を全部押しつけることはできないであろう。それでも、混沌から秩序を作り出す建築家とは違い、政治家は混沌をさらに大きくしているということはできるだろう。

例えば、九・一一のテロの責任のすべてがブッシュ元大統領とその側近たちにあるとはいえないであろう。しかし、アフガニスタンとイラクの戦争によって、彼らは混沌を拡大したということは確実にいえよう。けれども、二〇〇八年の世界的な危機は、混沌を拡大させる能力において、経済学者は政治家に劣らないことを明らかにした。

善と悪との二者択一を人々に迫ることによって、政治家は自らの正当性を示そうとしてきた。ブッシュ元大統領とその側近たちは、ブッシュ政権とテロリストの二者択一を迫ることによって、アフガニスタンとイラクの戦争を正当化しようとした。二つの戦争に反対する人々はテロに加担しているのだといわんとしていた。

しかし、今となっては、ほとんどの人々は、二つの戦争はテロを拡散するだけだったということに賛同するであろう(もっとも、ブッシュ元大統領とその側近たちは、今でも誤りを認めていないようである)。ブッシュかテロリストかという二者択一は偽りのものだった。

同様に、〇八年の危機が本当に生じるまで、バーナンキを始めとしたアメリカ政策当局は、日本のような危機は生じないと主張し続けた。〇八年九月の世界の金融崩壊は、バーナンキの主張が完全な誤りであったことを示した。

もっとも、バーナンキはアメリカ経済を立て直すために、三度にわたる量的緩和政策を実施した。現在、アメリカは経済が回復し、失業率が低下したといわれている。しかし、本書ではアメリカの現役世代の就業率は、〇八年の危機によって急低下し、その後、ほとんど回復していないことを明らかにした。失業率の低下は、失業者が仕事を探すのをやめたという見かけの部分が大きいのである。逆に日本は、危機後の就業率の低下は小さく、アベノミクスが始まる以前から回復が始まっていた。今では就業率は危機前のピークを超えている。

バーナンキか日銀かという二者択一も偽りだった。

リフレ派は日本経済の停滞は日銀の責任であると論じてきた。バーナンキを模範とし、異次元緩和を行えば、日本経済は復活すると論じた。彼らもまた、異次元緩和かこれまでの日銀かという二者択一を迫ったといえる。

ところが、異次元緩和が行われると、日本経済の成長率は低下した。しかも、低い経済成長を支えるのは、政府支出と消費増税前の駆け込み需要である。政権関係者が宣伝するところと正反対に、実質賃金と家計の実質所得は急減している。消費者物価は上昇に転じているが、それは輸入インフレによる部分が大きい。その証拠に、輸入物価の上昇が止まった一三年末より、消費者物価の上昇も止まっている(一四年四月の消費増税による部分を除く)。反対にアベノミクス前の日本経済は全体としては、回復基調にあった。リフレ派の提起した二者択一もまた偽りだった。

しかし、テロとの戦争によって、ブッシュ元大統領は再選をはたした。今なおアメリカの雇用は実際にはほとんど回復していないにもかかわらず、バーナンキは積極的な金融緩和がアメリカ経済を立て直したとして、高く評価されている。アベノミクスは安倍首相の政治基盤を確立し、今なお支持率は高い。

リフレ派も日銀に入り込むことに成功した。現在の日本経済が低迷していても、さらなる緩和を行えば、(少なくとも一時的には)異論は封じ込めることができるであろう。

偽りの二者択一の政治的効果は大きい。

けれども、こうした政治のレトリックは政治家には重要であっても、筆者のような経済学者には無関係な話である(少なくともそうありたいと願っている)。我々経済学者がすべきことは、政治のレトリックに加担することでなく、本当は何が起きているのかを明らかにすることであろう。

筆者はアベノミクスが始まる前からその批判者であった。だから、アベノミクスが始まった時、それに関する本を書こうと思っていた。

二〇一三年一〇月、第三・四半期のGDP速報がでた。そこでは経済成長率が一%程度だったことが告げられた。一四年四月には消費増税があり、第二・四半期には経済が落ち込むことはほぼ確実である。一四年第一・四半期までが一つの節目となるということである。そこで一四年第一・四半期までのGDP統計が入るようにということで計画を立てた。本書のデータは、六月初めにおいて使用可能なものとなっている。

岩波新書の前著の担当者である安田衛氏に新著について連絡したのは、一三年一二月である。実際に書き始めたのは、一四年二月の半ばからである。一応の原稿は、四月中には完成し、安田氏の異動後、本書の担当者となった中山永基氏に原稿を送り、意見を聞いた。その後、データをアップデートして、最終稿とした。

安田衛氏には出版にご尽力いただいた。本書の担当者中山永基氏には、出版にご尽力いただくとともに、コメントもいただいた。両氏には感謝する。

本書の基となる研究については、筆者が奉職する福井県立大学の学長裁量枠研究費(D枠)より助成金を受けた。これについても感謝する。

二〇一四年六月

服部茂幸

参考文献

日本語(新書の性格を考えて、翻訳書の原著は省略した)

アメリカ大統領経済諮問委員会(二〇一三)『米国経済白書 二〇一三』(萩原伸次郎監訳)『エコノミスト』臨時増刊、第九一巻第二六号、六月一七日。

岩田規久男(二〇〇二)「予想形成に働きかける金融政策を——小宮論文批判(1)」小宮隆太郎・日本経済研究センター編『金融政策論議の争点——日銀批判とその反論』日本経済新聞社。

岩田規久男(二〇一三a)『リフレは正しい——アベノミクスで復活する日本経済』PHP研究所。

岩田規久男(二〇一三b)「「量的・質的金融緩和」の目的とその達成メカニズム」中央大学経済研究所創立五〇周年記念公開講演会における講演、一〇月一八日。

ウィルキンソン、リチャード&ケイト・ピケット(二〇一〇)『平等社会——経済成長に代わる、次の目標』(酒井泰介訳)東洋経済新報社。

鵜飼博史(二〇〇六)「量的緩和政策の効果——実証研究のサーベイ」『金融研究』第二五巻第三号、一〇月。

大川一司・高松信清・山本有造(一九七四)『国民所得』『長期経済統計——推計と分析』第一巻、東洋経済新報社。

岡田靖・浜田宏一(二〇〇九)「バブルデフレ期の日本の金融政策」吉川洋編『デフレ経済と金融政策』内閣府経済社会総合研究所企画・監修『バブル/デフレ期の日本経済と経済政策』第二巻、内閣府経済社会総合研究所。

ガルブレイス、ジョン・ケネス(一九九一)『バブルの物語——暴落の前に天才がいる』(鈴木哲太郎訳)ダイヤモンド社。

キンドルバーガー、チャールズ・P(二〇〇四)『熱狂、恐慌、崩壊——金融恐慌の歴史』(吉野俊彦・八木甫訳)日本経済新聞社(第四版の訳)。

クー、リチャード(二〇〇七)『「陰」と「陽」の経済学——我々はどのような不況と戦ってきたのか』東洋経済新報社。

クイギン、ジョン(二〇一二)『ゾンビ経済学——死に損ないの5つの経済思想』(山形浩生訳)筑摩書房。

グリーンスパン、アラン(二〇〇七)『波乱の時代——わが半生とFRB』上・下(山岡洋一・高遠裕子訳)日本経済新聞出版社。

ケインズ、ジョン・メイナード(一九八三)『雇用・利子および貨幣の一般理論』『ケインズ全集』

第七巻(塩野谷祐一訳)東洋経済新報社。

サックス、ジェフリー(二〇一二)『世界を救う処方箋――「共感の経済学」が未来を創る』(野中邦子・高橋早苗訳)早川書房。

地主敏樹・小巻泰之・奥山英司(二〇一二)『世界金融危機と欧米主要中央銀行――リアルタイム・データと公表文書による分析』晃洋書房。

総務省統計局(二〇一四)「過去の消費税導入時等との比較――〈家計調査〉追加参考図表3」五月三〇日。

ソーキン、アンドリュー・ロス(二〇一〇)『リーマン・ショック・コンフィデンシャル』上・下(加賀山卓朗訳)早川書房。

竹森俊平(二〇一二)『ユーロ破綻――そしてドイツだけが残った』日経プレミアシリーズ。

チャン、ハジュン(二〇一〇)『世界経済を破綻させる23の嘘』(田村源二訳)徳間書店。

内閣府編(二〇〇三)『経済財政白書――改革なくして成長なしⅢ』(平成一五年度版)国立印刷局。

内閣府政策統括官室編(二〇一一)『世界経済の潮流　二〇一一年Ⅰ――歴史的転換期にある世界経済:「全球一体化」と新興国のプレゼンス拡大』。

野口悠紀雄(二〇一四)『期待バブル崩壊――かりそめの経済効果が剝落するとき』ダイヤモンド社。

バーナンキ、ベン(二〇〇一)「自ら機能麻痺に陥った日本の金融政策」三木谷良一、アダム・S・ポーゼン編『日本の金融危機――米国の経験と日本への教訓』(清水啓典監訳)東洋経済新報社。

服部茂幸(二〇〇七)『貨幣と銀行――貨幣理論の再検討』日本経済評論社。

服部茂幸(二〇一二)『危機・不安定性・資本主義――ハイマン・ミンスキーの経済学』ミネルヴァ書房。

服部茂幸(二〇一三)『新自由主義の帰結――なぜ世界経済は停滞するのか』岩波新書。

浜田宏一(二〇一三)『アメリカは日本経済の復活を知っている』講談社。

藤野正三郎・寺西重郎(二〇〇〇)『日本金融の数量分析』東洋経済新報社。

望月麻紀(二〇一四)「円安頼みの限界――経済政策の前提条件が崩れる」『エコノミスト』第九二巻第一四号、三月二五日。

ミンスキー、ハイマン・P(一九八八)『投資と金融――資本主義経済の不安定性』(岩佐代市訳)日本経済評論社。

ミンスキー、ハイマン・P(一九八九)『金融不安定性の経済学――歴史・理論・政策』(吉野紀・浅田統一郎・内田和男訳)多賀出版。

ロドリック、ダニ(二〇一四)『グローバリゼーション・パラドクス――世界経済の未来を決める三つの道』(柴山桂太・大川良文訳)白水社。

英語

Bartel, L. M. (2008) *Unequal Democracy: The Political Economy of the New Gilded Age*, Princeton, Princeton University Press.
Bernanke, B. S. (2004) "The Great Moderation," at the Meetings of the Eastern Economic Association, Washington, D. C., February 20.
Bernanke, B. S. (2005) "The Economic Outlook," at a Finance Committee Luncheon of the Executives' Club of Chicago, Chicago, Illinois, March 8.
Bernanke, B. S. (2011) "The Effects of the Great Recession on Central Bank Doctrine and Practice," at the Federal Reserve Bank of Boston 56th Economic Conference, Boston, Massachusetts, October 18.
Blinder, A. S. and M. Zandi (2010) "How the Great Recession Was Brought to an End," July 27.
Federal Open Market Committee (2008) "Meeting," September 16.
Greenspan, A. (2004) "The Mortgage Market and Consumer Debt," at America's Community Bankers Annual Convention, Washington, D. C., October 19.

Hamada, K. and F. Hayashi (1985) "Monetary Policy in Postwar Japan," in A. Ando, H. Eguchi, R. Farmer, and Y. Suzuki (eds.) *Monetary Policy in Our Times*, Cambridge, Massachusetts, the MIT Press.

Lucas, R. (2009) "In Defence of the Dismal Science," *The Economist*, August 6.

Papadimitriou, D. B., A. Shaikh, C. dos Santos, and G. Zezza (2002) "Is Personal Debt Sustainable?," The Levy Institute of Bard College, *Strategic Analysis*, November.

Phillips, A. W. (1958) "The Relation between Unemployment and the Rate of Change of Money Wage Rates in the United Kingdom, 1861–1957," *Economica*, Vol. 25, November.

服部茂幸

1964年大阪府生まれ
1988年京都大学経済学部経済学科卒業．96年京都大学博士(経済学)．
現在―福井県立大学経済学部教授
専攻―理論経済学(マクロ経済学，金融政策)
著書―『新自由主義の帰結――なぜ世界経済は停滞するのか』(岩波新書，2013年)
『危機・不安定性・資本主義――ハイマン・ミンスキーの経済学』(ミネルヴァ書房，2012年)
『日本の失敗を後追いするアメリカ――「デフレ不況」の危機』(NTT出版，2011年)
『金融政策の誤算――日本の経験とサブプライム問題』(NTT出版，2008年)
『貨幣と銀行――貨幣理論の再検討』(日本経済評論社，2007年)ほか

アベノミクスの終焉　　岩波新書(新赤版)1495

2014年8月20日　第1刷発行

著　者　服部茂幸《はっとりしげゆき》

発行者　岡本　厚

発行所　株式会社 岩波書店
〒101-8002 東京都千代田区一ツ橋2-5-5
案内 03-5210-4000　販売部 03-5210-4111
http://www.iwanami.co.jp/

新書編集部 03-5210-4054
http://www.iwanamishinsho.com/

印刷・理想社　カバー・半七印刷　製本・中永製本

ISBN 978-4-00-431495-0　　Printed in Japan

岩波新書新赤版一〇〇〇点に際して

ひとつの時代が終わったと言われて久しい。だが、その先にいかなる時代を展望するのか、私たちはその輪郭すら描きえていない。二〇世紀から持ち越した課題の多くは、未だ解決の緒を見つけることのできないままであり、二一世紀が新たに招きよせた問題も少なくない。グローバル資本主義の浸透、憎悪の連鎖、暴力の応酬——世界は混沌として深い不安の只中にある。

現代社会においては変化が常態となり、速さと新しさに絶対的な価値が与えられた。消費社会の深化と情報技術の革命は、種々の境界を無くし、人々の生活やコミュニケーションの様式を根底から変容させてきた。ライフスタイルは多様化し、一面では個人の生き方をそれぞれが選びとる時代が始まっている。同時に、新たな格差が生まれ、様々な次元での亀裂や分断が深まっている。社会や歴史に対する意識が揺らぎ、普遍的な理念に対する根本的な懐疑や、現実を変えることへの無力感がひそかに根を張りつつある。そして生きることに誰もが困難を覚える時代が到来している。

しかし、日常生活のそれぞれの場で、自由と民主主義を獲得し実践することを通じて、私たち自身がそうした閉塞を乗り超え、希望の時代の幕開けを告げてゆくことは不可能ではあるまい。そのために、いま求められていること——それは、個と個の間で開かれた対話を積み重ねながら、人間らしく生きることの条件について一人ひとりが粘り強く思考することではないか。その営みの糧となるものが、教養に外ならないと私たちは考える。歴史とは何か、よく生きるとはいかなることか、世界そして人間はどこへ向かうべきなのか——こうした根源的な問いとの格闘が、文化と知の厚みを作り出し、個人と社会を支える基盤としての教養となった。まさにそのような教養への道案内こそ、岩波新書が創刊以来、追求してきたことである。

岩波新書は、日中戦争下の一九三八年一一月に赤版として創刊された。創刊の辞は、道義の精神に則らない日本の行動を憂慮し、批判的精神と良心的行動の欠如を戒めつつ、現代人の現代的教養を刊行の目的とする、と謳っている。以後、青版、黄版、新赤版と装いを改めながら、合計二五〇〇点余りを世に問うてきた。そして、いままた新赤版が一〇〇〇点を迎えたのを機に、人間の理性と良心への信頼を再確認し、それに裏打ちされた文化を培っていく決意を込めて、新しい装丁のもとに再出発したいと思う。一冊一冊から吹き出す新風が一人でも多くの読者の許に届くこと、そして希望ある時代への想像力を豊かにかき立てることを切に願う。

（二〇〇六年四月）

岩波新書/最新刊から

1487 ドキュメント豪雨災害 ―そのとき人は何を見るか― 稲泉連著

大震災と同じ年、紀伊半島を襲った未曽有の大水害の渦中で、人々は何を見たのか。首都水没予測も含め、豪雨災害の実態を描く。

1488 移植医療 㰏島次郎・出河雅彦著

脳死論議の陰で、あるべき包括的法整備や当事者保護が十分でなかった日本の移植医療。よりよい医療の実現へ、考えるべきこととは。

1489 納得の老後 日欧在宅ケア探訪 村上紀美子著

一〇年後、高齢でも望めば一人で自宅で医療・介護を受けながら暮らすことはできるのか。新たな実践から学ぶ、未来に向けての知恵。

1490 中国絵画入門 宇佐美文理著

山水画など中国絵画を見るポイントは何か？原始から清までの代表作を紹介しながら、基本的な見方を丁寧に説明する。〔カラー16頁〕

1491 集団的自衛権と安全保障 豊下楢彦・古関彰一著

集団的自衛権とは、他国防衛権のこと。「他国防衛」のための戦争が日本の安全を高める、という机上の論理を根底から問い直す。

1492 医療の選択 桐野高明著

医療の未来は、国民の選択にかかっている。医療費、国民皆保険制度、超高齢社会、治療法など、その論点を示し、選択の道を考える。

1493 金沢を歩く 山出保著

金沢で生まれ育ち、まちづくりに長年携わってきた著者が、まち、歴史、文化等の奥深い魅力を余すところなく伝える。〔カラー口絵〕

1494 過労自殺 第二版 川人博著

いま、二〇－三〇代の青年や女性たちの間にも、仕事による過労・ストレスが原因と思われる自殺が拡大している。その背景、対策は？

(2014. 8)